KB004329

화내는 용기

화내는 용기

怒る勇気

불합리한 세상에 대처하는
철학자 기시미 이치로의 가르침

기시미 이치로 지음 | 김윤경 옮김

타인의사유

머리말

인생이 뜻한 대로 흘러 자신이 원하는 일을 모두 이루고, 어릴 때부터 크게 좌절해 본 적 없이 살아온 사람들이 있다. 이런 이들은 때로 실패하더라도 순탄하게 넘기며, 큰 병에 걸린 적 없이 건강한 생활을 누린다.

하지만 이렇게 행복한 인생을 사는 것처럼 보이는 사람조차 언젠가는 인생의 앞날을 막아서는 일을 반드시 겪게 된다. 그 누구도 질병, 노화, 죽음을 피해 갈 수는 없기 때문이다. 젊은 사람들은 노화라는 말이 아직 자신과 관계없는 일이라고 생각할지 모르나, 갑작스럽게 병에 걸릴 수도 있고 사고를 당해 큰 상처를 입을 수도 있다. 지진, 태풍, 쓰나미 같은 자연재해를 언제 겪게 될지도 아무도 모른다.

친구와 만나 놀러 갈 계획을 세웠는데 전철이 고장 나서 나가지 못했다면, 다시 다른 날을 잡아 나가면 그만일 뿐 내 인생에 막대한 지장을 주지는 않는다. 하지만 병에 걸려 그로 인해 일자리를 잃고 다시는 기사회생 할 수 없다는 생각이 든다면, 앞으로의 인생을 어떻게 살아야 할지 절망에 빠질 수밖에 없다.

타인이 언제 어떤 상황에서 자신의 인생을 막아설지도 알 수 없는 일이다. 뭔가를 하려고 맘먹었을 때 간섭하는 사람이 나타나는 일이 그렇다. 결혼하려고 했더니 부모가 반대하기도 하고, 결혼을 하지 않겠다고 결심했는데 부모가 가만히 두지 않기도 한다. 함께 일하고 있는 사람, 함께 살고 있는 사람과 생각이 달라 부딪히는 일도 생긴다.

직장에서는 상사가 해결하기 어려운 일을 무리하게 맡긴다. 상사의 부정을 못 본 척하라거나 거짓말을 강요받기도 하는데, 그런 일을 하고 싶진 않지만 생계를 유지하기 위해 어쩔 수 없이 부당한 요구에 따르고 만다. 상사가 시키는 대로 했다가 문제가 드러나면 상사는 부하가 제멋대로 한 일이라며 부하에게 책임을 돌린다. 정말로 부하가 제멋대로 저지른 일이라고 해도 상사가 몰랐다고 해서 책임을 면할 수는 없는 법인데, 이 경우 처벌을 받는 사람은 부하뿐이다. 나중에서야 그때 왜 상사의 지시에 따랐을까 하고 후회가 든다. 하지만 그 자리의 분위기에 휩쓸려 그렇게 되었다고 아무리 변명해 봐도, 이미 벌어진 상황은 바뀌지 않는다.

어떤 이들은 수용해서는 안 될 일을 거절하지 못하고 상사의 부당한 의뢰를 받아들인 자신을 용서할 수 없다고 느낀다. 그런 사람은 혹여 부정을 저지른 게 들키지 않더라도 양심의 가책을 느끼고 괴로움에 시달릴 것이다. 이런 이들에게 상사는 앞날을 가로막는 존재이다.

문제는 자신의 행위에 조금도 부끄러움을 느끼지 못하는 사람들이다. 이런 이들은 상사가 지시하는 대로 해서 승진한 동료도 있는데 왜 자신만 책임을 져야 하는지 아무리 생각해도 불공평하기 짝이 없다고 느낀다. 이렇게 생각하는 사람에게도 상사는 자신의 앞날을 가로막는 존재이다.

인생의 앞날을 가로막는 더욱 큰 원인은 정치다. 정치가 우리를 행복하게 해 주는 것을 바라지는 않더라도, 아무런 대책을 세우지 못하는 정치가 탓에 불행해지기를 원치는 않을 것이다. 코로나바이러스가 만연해 사람들의 생활 양상을 완전히 뒤바꿔 놓을 것이라고 예상한 사람은 아무도 없었다. 이 병은 다른 질병과 달리 전염이 되기 때문에 결코 개인의 힘만으로는 막을 방법이 없었고, 초창기에 정부는 적극적으로 감염 확산을 억제할 수 있는 시책을 마련해야만 했다. 그런데도 정부는 대응에 전부 실패했다. 코로나는 미지의 바이러스였으므로 초반의 대응책이 당연히 효과를 내지 못할 수 있다. 이때 대응이 잘못되었다는 것을 알면 바로 정책을 철회해야 하는데 그렇게 하지 않았던 게 문제다. 아무것도 하지 않아도 시간이 지나면 어떻게든 해결될 거라는 안이한 대처가 통할 리 없다. 그런데도 수습된 후의 일에만 관심을 쏟고 생명보다 경제를 중요시하는 정치는, 국민들이 평온한 삶을 보낼 수 없게 만든다.

그렇다면 이렇게 자신이 원하는 대로 살기 힘든 상황에 맞부딪혔을 때 그저 포기하고 절망할 수밖에 없는 것일까. 그 누구도 순조로운 인생만을 보낼 수는 없을 것이다. 앞날을 방해받았다고 해서 체념하고 싶지 않다면 어떻게 하면 좋을까.

우선 자신의 힘으로 할 수 있는 일과 할 수 없는 일을 확실히 구분 지어야 한다. 인생에는 피할 수 없는 일이 있다. 죽고 싶지 않다고 해도 누구나 언젠가는 죽는다. 병에 걸리고 늙고 마침내 죽음을 맞이하는 것은 자연의 섭리다. 그렇지만 피할 수 없는 일을 어떻게 받아들이느냐는 자신이 결정할 수 있다.

똑같이 피할 수 없는 일이라고 해도 자연의 섭리가 아닌 일이 있다. 병에 걸리는 것은 피할 수 없지만 의료 과실로 목숨을 잃는 것은 자연의 섭리가 아니다. 의사가 최선을 다해 치료를 하려고 해도 병실이 입원 환자로 다 찼다면 치료를 받을 수 없다. 지진이나 태풍은 자연재해지만 필요한 대책이 구축되어 있지 않았던 탓에 피해가 더 커졌다면 그것은 이미 천재(天災)가 아니라 인재(人災)다. 국가나 정치가가 국민 스스로의 노력에만 의지하고 아무런 손을 쓰지 않거나 혹은 유효한 정책을 실시하지 않아서 어떤 문제가 악화됐다면 이 또한 인재가 틀림없다.

내가 이 책에서 생각하고자 하는 과제는, 현재 세상에서 일어나는 이런 불합리한 일에 어떻게 대처할까 하는 점이다.

나는 지금까지 쓴 많은 저서에서 분노에 대한 문제를 지적하고 그것을 대신할 수 있는 커뮤니케이션 방법을 교육과 육아, 그리고 리더십론에서 계속해서 논해 왔다.

감정적인 분노 또는 순간의 기분에 좌우된 분노가 문제를 해결하는 데 즉효성이 있긴 하지만, 야단쳐 봐도 다시 똑같은 문제가 반복된다면 효과적인 방법이라고 말할 수 없다. 그런데도 다른 방법을 모르는 사람은 야단치기를 멈추지 못한다. 조금 더 강하게 꾸짖으면 아이나 부하가 반성하고 행동을 고칠 게 틀림없다고 생각하기 때문에 같은 일을 되풀이하고 만다.

개중에는 화를 내는 것과 야단치는 것은 별개이며, 훈육이나 교육을 할 때는 적당한 꾸중이 필요하다고 주장하는 사람이 있다. 하지만 야단칠 때 화를 내지 않는 사람은 없다. 화는 사람과 사람과의 관계를 멀어지게 한다. 대인관계의 심리적인 거리가 멀어지면 설령 부모나 교사, 또는 상사가 올바른 말을 해도 받아들이지 못한다. 옳다면 더더욱 받아들이지 못한다. 많은 사람이 저지르는 실수는 꾸짖고 화냄으로써 대인관계의 심리적인 거리를 멀어지게 만든 뒤 가르치려 든다는 점이다. 그런 일은 불가능하다. 따라서 꾸짖어서는 안 되며 화를 내서도 안 된다. 이 가르침은 변함없다.

내가 꾸짖고 화내는 행동을 반대하는 것은 대인관계에서의 일이다. 이와 달리 너무나도 불합리한 일이 많이 일어나는 오늘날의 세계에서 우리는 반드시 분노해야 한다. 나는 저서《미움받을 용기》에서 '공분(公憤)'이라는 말을 했다. 이는 감정적이고 기분에 좌우되는 '사분(私憤)'과 달리 부정부패에 대한 분노, 인간의 존엄성을 침해당했을 때의 분노이다. 사람이 이 분노를 잊을 때, 세상은 더욱 심한 부정으로 얼룩지게 된다.

지금 일어나고 있는 부조리한 일은 앞서도 잠깐 예를 들었지만, 일일이 다 셀 수가 없다. 그런 일들을 방관해서는 안 된다. 분노를 느끼지 않는 것은 물론이고 분노를 느끼고서도 아무 말도, 아무 행동도 하지 않는다면 부조리한 일을 인정하는 것이나 다름없다.

나는 이 책에서 공분으로서의 분노는 어떤 것인지, 분노하지 않으면 어떤 문제가 일어나는지를 명확히 밝히고, 어떻게 하는 것이 공분으로서의 분노를 적절히 표현하는 것인지 생각해 보고자 한다. 사람이 진심으로 분노하면 이 세상은 반드시 달라진다. 그리고 무슨 일이 있어도 바꿔야만 한다.

목차

3장

압력에
굴하지 마라

4장

분노를
잊지 마라

1

불합리한

현실에

맞서라

세상사는
불합리한 일투성이

―――――――――― / ――――――――――

이 세상에는 불합리한 일이 많다. 가까운 예로, 2020년은 올림픽 특수라고 기대하고 있던 기업이 많았지만 코로나19 팬데믹으로 기대와는 정반대 상황이 되고 말았다. 심지어 코로나바이러스 감염의 위험을 무릅쓰면서까지 올림픽을 개최할 수는 없다는 판단으로 연기되기까지 했다. 그 감염 확산의 기세가 사그라들면서 2021년에 마침내 도쿄올림픽이 개최되었지만 마음 편히 즐기기는 힘들었다. 코로나 위기 속에서 올림픽을 즐겼다는 사람이 있다면, 2018년에 발생한 서일본 폭우(일본 서남부 전역을 마비시켜 30년 만에 최악의 수해로 기록된 자연재해-역주) 때 피해 지역과 이재민을 조금도 생각하지 않고 술판을 벌이는 그런 사람뿐일 것이다.

생명을 위협하는 지진이나 태풍, 폭설 같은 재해도 평범하던 일상을 하루아침에 완전히 뒤엎어 버린다. 여느 때처럼 회사에 출근하려고 현관문을 나섰다가 사고를 당해 다시는 집으로 돌아가지 못하는 일도 생길 수 있다. 우리는 '여느 때와 다름없는 일상'을 쉽게 입에 올리지만 아무 일 없이 언제까지나 계속될 거라고 생각하던 일상의 조화와 질서는 인생의 앞날을 막아서는 타자와의 관계나 사건 같은 외적 요인에 의해 쉽사리 깨지기도 한다. 그러한 상황을 침착하게 받아들일 수 있는 사람은 많지 않을 것이다.

시간을 뜻하는 영어 '아워(hour)'의 어원으로 고대 그리스어 '호라(ώρα)'라는 단어가 있다. 호라는 천지유구(天地悠久, 세상은 영원히 존재한다는 뜻-역주)에서 질서로서의 '계절'이라는 의미다. 그 형용사형인 '호라이오스(ωραιos)'는 '시의적절하다', '딱 알맞다'라는 의미인데, 그것은 '올바른 일', '정의'라는 인간의 행동 규범을 나타내는 관념과 그대로 겹친다(후지사와 노리오, 《그리스 철학과 현대》).

고대 그리스의 서사 시인 헤시오도스(Hēsíodos)의 《일과 날 Ergakai Hemerai》에는 "데메테르가 내려 주신 대지의 결실, 그 곡물을 때를 어기지 않고 거둬들여"라는 말이 있다.

'때를 어기지 않고'가 바로 호라이오스이다. '여느 때와 같은 일상'도 '작물의 제철 수확'도 호라이오스여야 한다. 하지만 우리는 수확을 앞두고 태풍으로 인해 벼가 쓰러지거나 사과가 떨어지는 모습을 목격한다. 코로나바이러스의 감염 확산을 막으려고 사람들이 모여들지 않도록 활짝 핀 튤립이나 등나무 꽃을 베어 내기도 했다. 올림픽의 퍼블릭 뷰잉(스타디움이나 광장 등에 설치된 대형 스크린으로 다른 현장에서 열리고 있는 스포츠 경기를 관전하는 것-역주)을 위해서라는 명목으로 공원의 나무들이 벌채되었다. 조류 인플루엔자로 양계장의 닭을 모조리 살처분해야 했다. 이 모든 것은 호라이오스가 아니다. 어쩌다 이런 지경이 된 것인지, 적기를 맞이하지 못하고 불합리한 일이 눈앞에 닥치면 탄식하고 절망하지 않을 수 없다.

게다가 이렇게 불합리한 일을 보고 들었을 때 마음이 아픈 까닭은 자연에 생명이 있다고 보기 때문이다. 고대 그리스의 철학자들은 만물의 근원을 물과 공기라고 생각했는데, 이들은 물질이 아니라 '혼(魂)'이며 '신(神)'이었다. 이러한 사고관을 비과학적이라고 배척할 수는 없다. 나무를 벌채하거나 바다를 메우며 자연을 파괴하면서도 그 일을 아무렇지도 않게 여기는 정치가들은 자연에 생명이 있다는 사실을 외면하고 있는 것이다. 반면 어떤 형태이든 자연이 훼손된다는 사실에 마음 아파하는 사람은 고대 그리스인과 마찬가지로 자연을 생명으로 보고 있는 것이다. 태풍으로 벼가 쓰러지고 수확 시기가 되기도 전에 사과가 떨어지는 모습을 보면 마치 젊은이가 생을 달리했을 때처럼 적절한 시기가 아니라는 생각이 드는 것이다. 그래도 자연의 조화 속에서 적절하지 못한 시기에 생긴 일이라면 그나마 마음을 정리해 포기하고 받아들일 수 있을지도 모르지만, 인간이 자연을 파괴하는 것은 불합리 그 자체가 아닐 수 없다.

가장 불합리하고
받아들이기 힘든 건 죽음

그중에서도 가장 불합리하고 받아들이기 힘든 건 죽음이다. 인간은 언제까지 젊을 수만은 없고, 평생 한 번도 아프지 않은 사람은 없다. 누구나 예외 없이 죽는다. 이러한 현상은 모두 자연의 섭리이지만 천수를 누렸다고 해도, 앞에서 설명한 단어를 사용하자면 호라이오스, 즉 적절한 시기에 맞춰 죽음을 맞이했다고 해도 가족은 그 죽음을 곧장 받아들이지 못한다.

또 어느 정도 장수했다고 여겨지는 사람도 자신의 죽음을 담담하게 받아들이기는 어렵다. 몇 살에 죽음을 맞이하든 도스토옙스키의 소설 《백치》에 나오는 사형수처럼 "이렇게 느닷없이 형을 집행하다니 너무하잖은가!" 하고 말하고 싶어질지 모른다. 이 사형수는 사형을 받을 것을 알고 있었음에도 불구하고 예상보다 빨리 형이 집행되자 "이건 너무하잖은가!" 하고 탄식했던 것이다.

일생 많은 책을 쓰고 말년에는 원고를 구술해서 필기했던 노철학자가 있었다. 어느 날 한창 구술을 하고 있던 중에 이 철학자는 불현듯 "대체 내 인생은 뭐였던가!" 하고 중얼거렸다고 한다. 누가 봐도 장수하면서 많은 업적을 남긴 사람이었지만 죽음이 임박해 오자 그것을 받아들이지 못하고, 지금까지의 인생을 뒤돌아보면서 자신의 인생에 아무런 가치도 없다는 생각을 하게 된 것이다.

노인이든 젊은이든, 죽음을 앞에 두고 자신이 생각했던 것보다 시기가 빠르다는 생각이 들면 그 죽음이 불합리하게 느껴진다.

병에 걸린 사람은 자신이 왜 이런 일을 당해야 하는지, 남들보다 더 건강에 신경을 썼건만, 왜 이런 병에 걸리게 된 것인지 분개한다. 본인이 안락사를 원해 죽게 될 경우라 하더라도, 남은 가족은 그 죽음을 호라이오스라고 생각하기 힘들다.

특히 젊은이가 병이나 불의의 사고로 세상을 떠나면 그 죽음은 더욱 불합리하게 여겨진다. 그런 죽음은 호라이오스가 아니다. 때가 어긋난 죽음이다. 부모도 본인도 시기가 잘못된 거라고 생각할 수밖에 없다. 갑작스럽게 죽음을 맞이한 젊은이의 부모는 젊은 나이에 죽지 않고 오래 살았더라면 누렸을 좋은 일들을 자식이 경험하지 못한 것을 애통해할 것이다. 오래 살았더라면 더 나쁜 일을 경험하게 될지도 모르는 일이지만 그건 별개의 일이다.

받아들일 수 없는 죽음의
책임 소재를 묻다

죽음을 불합리하게 여기는 경우가 한 가지 더 있다. 질병이나 천재지변에 불가항력 이외의 것이 있다면, 즉 책임을 물을 누군가가 존재한다면 우리는 그 죽음을 불합리한 것으로 받아들이게 된다.

지진이나 쓰나미는 불가항력이지만 필요한 방재 대책이 마련되어 있지 않았다거나 사람이 만들지 않았다면 일어날 리가 없는 원자력발전소 사고로 피폭되거나 해서 그동안 살던 고향을 떠나야만 한다면, 이는 분명 불합리하다. 예전에 피난소 생활이 길어져 자살한 사람도 있었는데, 이러한 일도 가족의 입장에서는 도저히 받아들일 수 없는 불합리한 일이다. 사고나 범죄에 휘말려 죽는 경우도 마찬가지다.

병에 관해서 말하자면, 수술이 반드시 성공하리란 법은 없다. 수술 중에 갑자기 혈압이 떨어져 심장이 정지되는 예측 불가능한 사태가 일어날 수 있고, 의료진이 온 힘을 다해 처치했지만 어쩔 도리가 없을 수 있다. 가족들이 의사에게 어떤 일이 일어났는지 설명을 들어도 그 죽음을 바로 받아들이기는 어렵다. 하물며 의료 과실로 인해 수술 중에 사망했다면 가족은 그 죽음을 불합리한 일이라고 여겨 받아들이지 못할 것이다.

영국의 정신과의 로널드 랭(Ronald David Laing)은 자신의 자서전에서, 오스트리아 출신의 유대계 종교철학자 마르틴 부버(Martin Buber)의 일화를 다음과 같이 인용했다(《지혜, 광기 그리고 어리석음 Wisdom, Madness and Folly》).

"마르틴 부버는 강연회 단상의 맞은편에 서서 인간의 조건이니 신이니 아브라함과의 계약이니 하는 것들에 대해 이야기했다. 그때 갑자기 앞에 있던 크고 무거운 성서를 양손으로 집어 들고 머리 위로 높이 치켜들더니 강연대 위로 힘껏 내동댕이치고는 양팔을 쭉 편 채로 절규했다. '강제수용소에서 그 대학살이 일어난 지금, 이 책이 무슨 도움이 된단 말인가!'라고."

유대교도인 부버는 신이 유대인에게 행한 일에 격분할 수밖에 없었다. 신이 창조한 이 세상에서 유대인 대학살 같은 사건은 결코 일어나서는 안 되는 일이었다.

병으로 깨닫는
'가치 있는 것'의 진실

고대 그리스인은 태어나지 않는 게 가장 행복한 일이며, 그다음으로 행복한 일은 태어났다가 빨리 죽는 것이라고 생각했다. 지금까지 한 번도 좌절하지 않고 순풍에 돛을 단 배처럼 순조로운 인생을 살아온 사람이라면, 태어나지 않는 것이 가장 행복하다는 그리스인들의 사고를 이해할 수 없을지도 모른다. 죽음이야말로 피해야 할 일인데 심지어 좋은 일로 여기다니 결코 있을 수 없는 일처럼 느껴진다.

하지만 큰 문제 없이 순탄한 인생을 살 거라 생각했는데 느닷없이 심각한 역경에 부딪히는 경우를 떠올려 보자. 그때부터 우리는 미래를 전혀 예측할 수가 없다.

특히 극심한 고통이 있거나 신체를 자유롭게 움직일 수 없는 사람이라면, 이 고통이 대체 언제까지 계속될 것인지를 생각할 수밖에 없다. 이런 고통이 계속될 바에는 차라리 오지 않기를 바랄 정도로 극단적인 생각까지 하게 될 수도 있다.

나는 쉰 살 때 심근경색으로 입원했다. 이른 아침에 증상이 나타나 구급차에 실려 병원으로 실려 갔다. 의사가 심근경색이라고 알려 줬을 때 죽음을 생각했다. 다행히도 목숨은 건졌지만 집중치료실에 있던 처음 며칠 동안은 혼자 몸을 가누지도 못했고, 몇 시간마다 간호사의 도움을 받아 반대쪽으로 간신히 돌아누워야 했다. 집중치료실에 시계가 없었던 것인지, 아니면 몸의 방향을 바꾸면 시계가 보이지 않았던 것이었는지는 잘 기억나지 않지만, 시계가 보이지 않는 쪽으로 누우면 시간이 멈췄다. 입원할 당시만큼의 신체적 고통은 없었지만, 그럴 때마다 살아 있는 것이 너무도 괴로웠다.

건강할 때는 '내일'이라는 날이 오는 것을 당연하게 생각했다. 하지만 그렇지 않을 수도 있다는 사실을 알고 나니, 그때까지 가치 있다고 여겼던 것들이 얼마나 무가치한지를 알 수 있었다.

초등학교 동창생의 어머니가 병에 걸렸을 때, 친구 아버지가 병상에 누운 어머니에게 돈다발을 보여 주며 "이 돈으로 낫게 해 줄게" 하고 말했다는 이야기를 들었다. 치료를 받기 위해서는 돈이 필요하고, 그 돈이 있으니 어떻게 해서든 병을 고쳐 주겠노라고 아버지는 생각했을 것이다. 하지만 나는 그 이야기를 들었을 때, '돈이 있다고 해서 반드시 병을 고칠 수 있는 것은 아닌데' 하는 생각을 했다.

그 친구의 어머니가 나중에 완쾌되었는지 어떤지는 모르지만, 만약 병을 고치지 못했다면 돈이 있어도 해결하지 못하는 일도 있다는 현실을 알고 절망했을지도 모른다. 이처럼 병에 걸리면 그때까지 의심도 하지 않았던 일이 결코 자명하지 않다는 사실을 깨닫게 된다. 돈이 있으면 뭐든지 생각대로 된다고 믿고 있던 사람도 그렇지 않다는 사실을 알게 되는 것이다.

코로나19 감염으로 직면하는
불합리한 현실

불합리한 일에 대한 분노와 절망은 발생한 일 자체에서만 일어나지 않는다. 코로나19 팬데믹 상황을 예로 생각해 보자.

병을 증오하고 제압해야 할 '싸움' 상대로 보게 되면, 병뿐만이 아니라 환자에게도 스티그마(stigma), 즉 낙인을 찍게 된다(수전 손택, 《은유로서의 질병》). 바이러스에 감염된 사람이 낙인찍히는 분위기가 형성되면, 감염된 사람은 증오의 대상이 되고 감염되었다는 이유로 질책을 당하며 회복되어도 사죄해야 하는 상황이 벌어진다.

병에 걸려도 동정조차 받지 못한다. 걸리고 싶어서 걸린 게 아닌데도 감염된 것은 본인의 잘못이라고 인식되고, 그로 인해 타자가 감염될 위험성이 높아졌다고 비난받는다. 감염된 사람은 이런 현실이 불합리하다고 느껴진다. 무서운 것은 병이 아니라 사람이라는 생각이 절로 든다. 병에 걸리는 일 자체도 괴롭지만, 병에 걸렸을 때 경험하는 대인관계는 그 이상으로 살아가는 일을 고통스럽게 한다.

병에 걸리면 죽을 수도 있다. 앞서도 말했듯이 이 현상 자체는 자연의 섭리일지도 모르지만, 코로나19와 같은 감염증처럼,

정부가 감염 확산을 방지하기 위해 적절한 대책을 세우지 않은 결과로 사람들이 죽게 된다면 그 죽음은 불합리하며 인재(人災)로 봐야 한다.

고대 그리스의 아테네는 기원전 430년, 펠로폰네소스 전쟁(아테네와 스파르타가 각각 동맹 도시국가들을 거느리고 싸운 전쟁-역주)이 한창이던 때 전염병으로 뒤덮였다. 가족마저도 전염될까 봐 두려워했기 때문에 대부분의 환자들이 간호하는 사람 하나 없이 혼자 죽어 갔다. 한 자비로운 사람이 이런 상황을 부끄럽게 여겨서 병에 걸린 친구를 찾아갔고, 결국은 병에 감염되어 죽었다고 한다. 그리스의 역사가 투퀴디데스가《펠로폰네소스 전쟁사》에 기록한 내용이다. 당시에도 이런 희생은 불합리하다고 여겨지지 않았을까. 요즘 시대라면 열심히 치료에 힘쓰던 의료진이 코로나바이러스에 감염되어 희생되는 경우일 것이다.

정치가가 우리를 행복하게 해 줄 거라고 기대하지는 않지만, 정치가로 인해 불행해지고 싶지는 않다. 하지만 부정이 횡행하는 악정(惡政)이 국민을 불행하게 만드는 건 확실하다. 코로나 팬데믹으로 힘든 시기에도 사리사욕을 채우려 하거나 지금 당장 처리하지 않아도 되는 법안을 은근슬쩍 통과시키려고 하는 정치가들이 있었다. 그런 무책임하고 무능한 정치가들이 우리의 생명을 위험에 노출시키고, 이런 식의 불합리는 계속 일어나는 중이다.

불합리한
현실 대처법

① 아무것도 하지 않는다

그렇다면 앞날을 막아서는 어려운 사건이나 불합리한 현실에 맞닥뜨렸을 때 어떻게 대처해야 할까. 생각나는 대처법을 몇 가지 들어 각각의 특징과 문제점을 살펴보겠다. 이들을 검증한 뒤, 마지막에 내 입장을 밝히고자 한다.

첫 번째 대처법은 무슨 일이 일어나든 아무것도 하지 않는 방법이다. 아무것도 하지 않겠다는 것이 애초에 대처법이 맞나 하고 생각할 수도 있겠지만, 자신에게 닥친 현실을 인지한 뒤에도 아무것도 하지 않겠다는 것은 분명 하나의 대처법이다.

철학자 다나카 미치타로(田中美知太郎)는 관동대지진(1923년 9월 1일 일본 시즈오카·야마나시 지방 등 관동지역에서 일어난 대지진-역주)이 발생했을 때, 의자에 앉은 채 그대로 있었다. 친구 두 명이 탁자 아래에 머리를 집어넣는 바람에 자신까지 도망칠 곳이 없었기 때문이었다. 이에 대해 다나카는 자신의 저서에서 이렇게 말했다. "나중에 친구들은 제가 태연자약하게 있었다고 하면서 철학자는 역시 다르다는 등 제가 대단한 사람이나 되는 것처럼 말했지만 아마도 망연자실해 있었던 게 아닐까 생각합니다."

하지만 비록 망연자실에서 비롯된 결과라고는 해도, 지진이 났을 때 도망치지 않고 가만히 있었다면 그것은 '아무것도 하지 않겠다'는 대처법을 선택한 것이다.

인생은 자신이 원하는 일만 일어나지 않는다. 지금은 행복의 절정에 있다고 생각해도 갑자기 그 절정에서 떠밀려 떨어지는 경험을 한다. 이럴 때 많은 이들이 자신의 신상에 별안간 닥친 불운을 한탄하며 아무것도 하지 않는 선택을 한다.

건강한 사람이 어느 날 병에 걸리면, 이렇게 되기 전에 뭔가 할 수 있는 일이 없었을까 하고 생각한다. 병에 걸렸다는 사실은 이미 바꿀 수 없다. 앞으로 어떻게 될지도 알 수 없다. 그럼에도 지나온 과거를 되돌아보게 되고, 역시 이렇게 했더라면 좋았을 걸 하는 생각만 수없이 떠오른다.

심근경색으로 쓰러져 입원해 있던 내게 주치의는 이렇게 말했다.

"'왜 내가!' 하는 피해 의식이 생길 겁니다. 남들은 편하게 잘만 사는데 왜 나만, 그런 생각 말이지요."

술도 마시지 않고 담배도 피우지 않았는데 나만 왜 이런 일을 겪어야 하는가. 이 병은 고령자가 걸리는 게 아니었던가. 그런데 왜 나는 이렇게 젊은 나이에 사경을 헤매는 경험을 해야만 하는 걸까. 생명의 위험에서 가까스로 벗어나 조금 안정되었을 때, 분명 나도 병상에서 의사가 말한 바로 그런 생각을 했다. 이런 생각이 들었을 때의 대응은 사람마다 다르다. 왜 자신만 이런 일을 당해야 하는지 납득하지 못하고 뭔가를 하는 사람도 있겠지만, 병에 걸린 자신의 불운을 한탄하기만 할 뿐 아무것도 하지 않는 사람도 있다.

대인관계 또한 마찬가지다. 모든 사람이 자신에게 호의를 보일 수는 없다. 누군가가 근거 없는 말로 헐뜯어 명예가 손상되는 불합리한 일을 당하기도 한다. 이럴 때 자신은 이런 일을 당할 이유가 없다고 확신하더라도, 자신을 비난하는 사람에게 아무런 저항도 하지 않는 경우가 분명 있다. 아니, 저항하지 못한다고 해야 할까.

불합리하다고밖에 생각할 수 없는 어려운 일이 닥쳤을 때 손놓고 아무것도 하지 않으면 당연히 아무 일도 일어나지 않는다. 그런데 아무것도 하지 않는다고 해서 실제로도 아무런 감정도 생기지 않는 건 아니다. 그 결과 스스로는 아무것도 하지 않으면서 타인을 움직이려 드는 경우도 많다.

예를 들어 난관에 부딪쳤을 때 자신이 할 수 있는 일이 아무것도 없다며 절망해 우는 사람이 있다. 그렇게까지는 아니라 해도 의기소침해진다. 그러면 스스로 의식하지 못해도 주변 사람들에게 영향을 끼치게 된다.

아기는 울음으로밖에 자신의 요구를 전달하지 못한다. 부모는 우는 소리를 듣고 아기가 지금 무엇을 원하고 있는지를 이해한다. 아기에게 울음이란 살기 위해서 반드시 필요한 일이다. 하지만 아기가 성장하면 자신의 힘으로 할 수 있는 일은 스스로 해야 한다. 그런데 계속해서 의지하는 걸 어른들이 받아 주면 아이는 주위 사람에게 의존하려 든다. 울어서 그 상황을 바꿀 수는 없어도 자기가 울면 주변 사람이 본래 자신이 해야 할 일을 대신해 준다는 것을 학습하고, 어른이 되어서도 타인에게 의존하는 것이다. 모든 일을 혼자 해결할 수는 없으므로 누군가에게 도움을 청해야 할 때가 분명 있지만 처음부터 남에게 의지하고 자신은 아무것도 하지 않는 자세는 옳지 않다.

예전에는 갑자기 폭풍우가 거세지면 집이 무너지고 하천이 범람해 사람이 죽는 일이 많았으나, 지금은 태풍 경로를 예측해 위험이 닥치기 전에 피난하는 일도 가능해졌다. 물론 경로를 정확히 예측할 수는 없지만 최악의 사태를 면할 수는 있다. 그런데도 자신의 신상에 무슨 일이 생겼을 때 아무런 대처도 하지 않는 것은 정상이라고 볼 수 없을 것이다.

무서운 것을 보고 울음을 터뜨린 아이는 무서운 것을 보지 않으려고 눈을 감는다. 물론 눈을 감았다고 해서 사태는 아무것도 달라지지 않는다. 눈을 떴을 때 세상은 여전히 무서운 상황 그대로다. 위기란 그저 버티고 있으면 어느새 저절로 사라지는 게 아니기 때문이다.

불합리한
현실 대처법

② 자신을 세상에 맞춘다

두 번째 대처법은 자신을 세상에 맞추는 것이다. 아무것도 하지 않고 일어난 일을 그대로 받아들이는 게 아니라, 일어난 일을 받아들일 수 있도록 의미를 부여하는 방법이다.

심근경색으로 절대 안정을 취해야 했을 때다. 혼자 힘으로는 몸의 방향조차 돌릴 수 없는 경험을 하게 되자, 나는 왜 내가 이렇게 되었는가에 대해 계속 생각할 수밖에 없었다. 왜 이런 일을 겪게 된 걸까? 처음에는 나 자신의 불운을 탄식하고 나와 타인을 책망하기도 했지만, 이내 이미 일어난 일은 어찌할 도리가 없다고 받아들였다.

이미 일어난 일을 수긍하고 받아들이려면, 자신과 이 세상에 일어나는 일이 아무리 불합리하더라도 어떤 식으로든 의미를 부여해야만 한다. 그 일이 일어난 데는 뭔가 이유가 있을 거라든가, 인생에는 쓸모없는 일이 하나도 일어나지 않는 법이라고 생각하며 이미 일어난 일을 받아들이는 것이다.

대인관계에서도 마찬가지다. 나는 상대를 바꿀 수 없으며, 바꿀 수 있는 것은 나 자신뿐이다. 상대가 심한 말을 하더라도 거기에 뭔가 좋은 의도가 있다거나 그로 인해 좋은 결과가 있을 거라는 식의 시각으로 바라보면, 그 일이 상대와의 관계를 개선시키는 계기가 될 수 있다.

이런 방식들이 자신을 세상에 맞추는 대처법의 예라 할 수 있다. 세상과 타인을 바꾸기는 어렵다. 바꿀 수 없다고 생각하면 일어난 일이나 타인의 언동이 아무리 불합리하게 보여도 그대로 긍정하게 된다. '단념한다'는 것은 할 수 있는 일과 할 수 없는 일을 '명확하게 보고 구분한다'는 의미다.

"나만 바뀌면 되는 거지요" 하고 말하는 사람이 있다. '내가 바뀐다'는 것은 상대를 바꾸지 않고 상대에 대한, 혹은 상대의 언동에 대한 자신의 관점을 바꾼다는 뜻이다. 자신만 바뀌면 아무 문제 없다는 사람은, 사실은 상대를 바꾸기를 단념한 것이 아니다. 상대에 대한 자신의 관점을 바꿈으로써 상대가 달라진다면 그때 진짜로 자신을 바꾸겠다고 말하고 있는 것이다.

그렇다면 이 세상에서 일어나는 사건이나 현상에 대해서도 정말로 그 의미를 바꾸기만 하면 되는 걸까. 지금은 악정(惡政) 하에서도 여전히 사람은 행복하게 살아갈 수 있는지를 생각해야만 하는 시대이다. 앞서도 언급했듯이, 정치가가 행복하게 해 주기를 바라지는 않지만, 정치가로 인해 불행해지고 싶지는 않다. 그렇게 생각하면 무능한 정치가들은 조용히 살아가는 일조차 어렵게 한다. 긍정적인 의미를 부여해 세상을 받아들이기만 해서

는 현재 이 세상에 산재해 있는 문제를 절대 근본적으로 해결할
수 없기 때문이다.

불합리한
현실 대처법

③ 세상을 바꾼다

세 번째 대처법은 자신의 앞날을 방해하는 일이 덮쳐 왔을 때 이
를 바꾸려고 하는 방법이다.

아들러는 자신이 의사가 된 이유를 '죽음을 죽이고 싶었기
때문'이라고 말했다(《알프레드 아들러: 우리가 그를 기억하는 한 Alfred
Adler: As We Remember Him》). 사람은 반드시 죽을 수밖에 없는 건지
어느 제자가 물었을 때 아들러는 이렇게 대답했다고 한다.

"그런 식으로 생각했다면 나는 의사가 되지 못했을 걸세. 나는
죽음과 싸우고 싶었고 죽음을 죽이고 죽음을 조종하고 싶었네."

하지만 세상에는 바꿀 수 없는 일들이 있다. 의학이 발달한
덕에 죽음으로부터 어느 정도 도망칠 수 있게 되었지만, 아들러
가 죽음을 죽이고 싶었으나 '성공하지 못했다'고 말하듯이, 사람
이 죽지 않는 일은 있을 수 없다.

또 세상을 바꿀 수 있다 해도, 바꿔도 좋을지를 판단하기가 어려운 일도 있다. 예전에는 장기 이식이라는 치료법이 없었기에 그대로 죽음을 기다릴 수밖에 없던 사람도 지금은 장기 이식을 하면 목숨을 살릴 수 있게 되었다. 의학이 세상을 바꿨다는 뜻이다. 하지만 의학적으로 가능하다고 해서 무조건 장기 이식이 좋다는 의미는 아니다.

대인관계에서 보면, 타인을 바꾸려는 사람이 있다. 아이를 혼내는 부모, 부하 직원을 꾸짖는 상사는 야단치면 아이나 부하가 바뀔 거라고 믿고 있다. 하지만 자신이 원하는 대로 타인이 행동하지 않는다고 해서 강제로 남의 행동을 바꿔도 되는 건 아니다. 게다가 부모나 상사가 호되게 야단을 치면 무서워서 복종할 수는 있지만, 진심으로 수긍해서 따르는 것은 아니다. 진심으로 수긍해서 따르는 것이 아니므로 관계가 악화될 수밖에 없다.

아이를 대해 본 적이 있는 사람이라면 아이를 자신의 뜻대로 좌지우지할 수 없다는 사실을 잘 알 것이다. 어릴 때라면 아이를 힘으로 다룰 수도 있겠지만 성장한 아이를 완력으로 통제할 수는 없다. 자신의 마음에서 수긍하지 못한 채 마지못해 어른의 의견을 따른 아이는 나중에 어른이 되어 자신이 부모보다 힘이 있다는 것을 알았을 때 부모에게 반항한다.

아이들도 자신의 생각대로 되지 않을 때 울거나 화를 내 부모를 바꾸려고 한다. 앞에서도 말했듯이 아이가 우는 것은 자신의 욕구를 전달하는 데 필요한 일이지만, 우는 것으로는 무엇을 원하는지 정확히 전달할 수 없다. 어른이 되어서도 아이 때와 같은 행동을 한다면, 상대에게 내가 원하는 것이 무엇인지를 전할 수 없다. 다른 사람이 내게 해 줬으면 하고 바라는 일과 하지 말아 줬으면 하는 일이 있을 때, 울거나 화내는 것보다 유용한 방법이 있다는 사실을 알아야 한다. 그것은 말로 전하는 방법인데 이러한 방법이 있다는 것조차 모르는 사람도 많다. 이런 사람들은 어른이 되어도 아이처럼 세상의 중심에 있고 싶은 것이다.

대인관계에서 다투었을 때, 원인은 상대에게 있으니 문제를 해결하기 위해서는 상대가 바뀌어야 한다고 믿는 사람들이 있다. 하지만 상대를 바꿀 수는 없다. 내 쪽에서 뭔가 행동을 하면 상대가 달라진 것처럼 보일 수는 있지만, 그것은 상대가 달라지겠다고 판단한 결과일 뿐 내가 상대를 바꾼 것은 아니다.

다른 대처법의
가능성과 문제점

불합리한 일이 일어났을 때 대처하는 방법을 다시 한번 정리해 보자.

① 아무것도 하지 않는다.
② 자신을 세상에 맞춘다.
③ 세상을 바꾼다.

하지만 대처법은 이 세 가지만 있는 것이 아니다. 세 가지 대처법에서 살펴본 문제점을 바탕으로 그밖에 다른 대처법은 없는지 생각해 보자.

일어난 일에 의미를 부여하지 않는다

한 가지는, 일어날 일은 그냥 일어나는 것이며 그에 대해서 아무런 해석도 하지 않는 것이다. 즉 무슨 일이 일어날지를 예상하거나 기대하지 않는 것이다.

이는 자신을 세상에 맞추는 두 번째 방법의 변형으로 볼 수 있다. ②의 자세에서는 자신을 세상에 맞추기 위해 일어난 일에 의미를 부여하지만, 이 변형 방법에서는 일어난 일에 아무런 의미를 붙이지 않는다. 하지만 일어난 일에 의미를 부여하지 않겠다는 것 자체가 일어난 일에 대한 또 다른 의미 부여가 될 수 있다.

일반적으로 질병과 노화를 건강과 젊음 상태에서 '퇴화'한 상태라고 생각하지만, 이는 단지 '변화'일 뿐이라고도 볼 수 있다. 우열의 개념으로 바라보지 않으면 그렇다. 젊음이 우월한 것이고 늙음이 열등하다고 여기지 않는다면, 사람이 나이가 든다는 것은 단순한 '변화'일 뿐이다. 건강과 질병도 마찬가지다. 노화와 질병을 '퇴화'로 보지 않고 '변화'라고 볼 수 있다.

일어난 일을 바꾸려 하는가, 아닌가

일어난 일을 바꾸려 들 것인지 아닌지의 관점에서 앞서 말한 세 가지 대처법을 살펴보면, 일어난 일을 바꾸려고 하는 것은 '③ 세상을 바꾼다'이며, 바꾸려 들지 않는 것은 '① 아무것도 하지 않는다'와 '② 자신을 세상에 맞춘다'이다.

이 가운데 ①은 무슨 일이 일어나도 체념하는 것이다. 다만 쉽게 체념할 수 없다면 자신에게 닥친 일을 불운이라 여기고 울지도 모른다. 그런데 이 우는 행동에 관해서는 앞서도 살펴봤듯이 자신은 움직이지 않고 주변 사람을 움직이게 만드려는 목적이 있다. 다른 사람에게 힘이 되어 주고 싶어 하는 사람은 울고 있는 사람을 봤을 때 그냥 내버려 두지 못하기 때문이다. 이렇게 생각하면 ①과 ③은 세상을 움직이는 것으로 분류되지만, ①은 간접적으로 ③은 직접적으로 움직이려 한다고 볼 수 있다.

앞서 언급한 부버는 성서를 내던짐으로써 분노를 드러냈지만, 분노를 드러내기만 해서는 우는 행동과 큰 차이가 없으므로 그러한 분노는 ①로 분류할 수 있다.

세상을 바꾸는 방법의 문제점

'③ 세상을 바꾼다'의 대처법에 관해서 내가 문제라고 생각하는 점은, 자신에게 맞춰서 세상을 바꾸려는 경우이다. 세상을 바꾸는 것과 세상을 자신에게 맞추는 것은 따로 분리해야 한다. 세상을 바꿨을 때 그 영향이 돌고 돌아 자신에게 이득이 될 수는 있겠지만, 처음부터 자신만을 위해 세상을 바꾸려고 하는 것은 문제다.

자신을 돌아보지 않고 스스로 희생함으로써 세상을 바꾸는 것도 의미 없다. 의료종사자가 환자를 치료하기 위해 전력을 다하는 것은 좋은 일이지만 그렇다고 자신을 희생해야 하는 것은 아니며, 의료인에게 그렇게 하기를 요구해서도 안 된다.

자신을 세상에 맞추는 방법의 문제점

'② 자신을 세상에 맞춘다'는 일어나는 일을 전부 자신과 관련 짓거나 혹은 자신에게 유리한 의미를 부여하는 게 문제다.

대인관계에 있어서, 일어나는 일들을 모두 자신과 관련 짓고 타인이 자신의 기대대로 행동하지 않을 때 분개하는 경우를 들 수 있다. 타인은 내 기대를 만족시키기 위해 사는 것이 아니다. 그런데도 자기중심적인 사람은 이 사실을 인정하지 못한다.

자기중심적인 사고로부터의 탈피

이러한 자기중심적 사고에서 탈피하는 것이야말로 불합리한 일이 발생했을 때의 대처법을 생각하는 데 중요하다. 사실 자기중심적 사고로부터 탈피해야 한다는 개념은 앞에서 살펴본 세 가지 이외에 다른 대처법이 없을까를 궁리할 때 가장 먼저 들었던 생각이다. 일어난 어떤 일을 자신과 관련짓지 않는 것은 인생을 살아가기 위한 적극적인 의미 부여라 생각한다. 만약 자기중심적인 사고를 습관적으로 하며 살아온 사람이라면, 뭐든지 자신과 연결 짓는 사고방식을 의식적으로 바꾸는 트레이닝을 할 필요가 있다.

한편 일어난 일이 자신과 관계없다고 여기는 것도 문제다. 이에 관해서는 나중에 다시 다루고자 한다.

낙천적으로 받아들이는 방법의 문제

불합리한 일을 맞닥뜨렸을 때 낙천적으로 받아들이는 사람도 있다. 2차 세계 대전 당시, 유대인 강제수용소에서는 1944년 크리스마스와 1945년 새해 사이에 전례 없이 많은 사람이 사망했다. 오스트리아 출신의 유대계 정신과 의사이자 심리학자인 빅터 프랭클(Viktor Frankl)은 당시 수용소 수석 의사의 견해를 자신의 저서에 소개했는데, 크리스마스에는 집으로 돌아갈 수 있을 거라는 절실한 희망에 매달렸던 수많은 사람이 크리스마스가 지나도 돌아가지 못하게 되자 실망하고 낙담한 데 그 원인이 있다고 했다(빅터 플랭클,《죽음의 수용소에서》).

이것은 현실 앞에서 아무것도 하지 않는다는 점에서는 '아무것도 하지 않는다'에 가깝지만, 비관적이지 않고 낙천적이다. 게다가 그저 낙천적이기만(지금 인용한 예로 말하면, 크리스마스에는 집으로 돌아갈 수 있다고 확신한다)한 게 아니라 실제로 무사히 집으로 돌아갈 수 있는 세상이 되기를 희망하고 있었다는 의미에서 '세상을 바꾼다'의 변형이기도 하다.

그러나 현실은 가혹했고 수용자들은 집으로 돌아갈 수 없었다. 대부분 수용소에서 죽임을 당했다. 낙천적인 사람은 자신이 원하는 일이 실현될 거라고 굳게 믿지만, 막상 그 일이 실현되지 않았을 때는 큰 절망을 느낀다.

고대 그리스의 역사학자 투퀴디데스는 자신의 저서《펠로폰네소스 전쟁사》에서 아테네를 덮친 전염병에 대해 다음과 같이 말했다. "가장 두려운 것은 병에 걸렸다는 사실을 알았을 때의 낙담이다."

자신이 처한 현실 속에서 비관적으로 되지 않고 희망을 갖는 것은 중요한 일이다. 하지만 낙천적인 의미를 과도하게 붙여 그대로 실현될 거라고 믿고 있으면, 원하는 대로 이루어지지 않았을 때 크게 낙담하게 된다.

"이건 이상한 것
같은데?"

이 세상에는 도저히 받아들일 수 없는 일이 분명 일어난다. 게다가 그러한 일이 일어났다는 현실을 바꿀 수도 없다. 질병, 노화, 죽음은 참으로 받아들이기 힘든 일이지만 누구나 경험하는 일이며, 젊은 나이에 죽는다는 것이 아무리 불합리하게 생각되어도 그것마저도 자연의 조화다. 자연재해도 마찬가지다. 물론 이러한 일을 자연의 조화라고 곧바로 받아들이기는 좀처럼 쉽지 않지만, 대부분은 시간이 어느 정도 지나면 받아들일 수 있는 일이다.

내가 문제로 여기는 것은 인위적인 일, 더욱이 불합리한 인위가 초래하는 곤경에 직면했을 때 어떻게 대처할 것인가 하는 점이다. 예를 들어 전염병은 감염되지 않으려고 아무리 주의한다 해도 절대로 걸리지 않는다는 보장이 없다. 문제는 그때부터다. 고열이 나 진료를 받으려고 했는데 검사를 거부당하고 병원이 받아 주지 않거나 환자가 많아 병상이 부족해 치료가 늦어져 사망하는 일이 있다면 가족으로서는 납득하고 받아들일 수가 없다.

이러한 경우라면 자신의 일이든 가족의 일이든, 일어난 일을 순순히 받아들일 수 없을 것이다. 단순히 운명으로 생각하고 납득할 수는 없는 일이며 결코 납득해서도 안 된다.

질병에 관해서도 마찬가지다. 치료나 수술이 반드시 성공하는 것은 아니지만, 의료 과실로 인해 사망하거나 심각한 장애가 남는다면 그 책임을 확실히 물어야 한다.

하지만 이러한 일이 자신이나 가족에게 벌어지지 않는 한 관심을 갖지 않는 사람이 많다.

정치에 무관심한 사람도 많다. 정치는 나와 밀접한 관계가 있다. 선정(善政)이 이루어지면 정치를 의식하지 않을 수 있다. 하지만 악정(惡政)은 우리의 일상에 영향을 크게 미친다. 그런데도 강 건너 불구경하듯이, 혹은 남의 일처럼 자신은 멀찌감치 떨어져 몸을 사린 채, 평론가처럼 비판만 하는 사람이 많다.

하지만 악정은 그냥 내버려 두면 점점 더 심해진다. 비유하자면, 활활 타고 있는 집과 같다. 이때는 물을 세차게 뿌려야 한다. 불의 기세가 너무 세서 어떻게 해도 소용없다고 단념하고 절망하면 안 된다. 오로지 물을 뿌리는 수밖에 없다. 물을 뿌려도 불길을 조금밖에 누그러뜨리지 못할지 모른다. 그래도 두 손 놓고 아무것도 하지 않는다면 불길은 더욱 거세질 게 분명하다. 이것이 현재의 정치 상황이다.

문제는 어떻게 해야 좋을까 하는 점이다. 의료든 정치든, 아니면 그밖에 다른 어떤 분야에서든 무언가 불합리한 일이 일어났을 때 아무 말도 하지 않으면 인정하는 것이나 다름없다. "이 건 이상한 것 같은데?" 하고 주장하지 않으면 결코 아무것도 바 뀌지 않는다.

무언가 불합리한 일이 일어났을 때
아무 말도 하지 않으면
인정하는 것이나 다름없다.
"이건 이상한 것 같은데?"하고
주장하지 않으면
결코 아무것도 바뀌지 않는다.

2

분위기는

없다
,

불합리한 일 앞에서
방관하는 이유

누가 봐도 불합리한 현실에 부딪혔을 때 '이대로 상관없어' 하고 생각하는 사람은 별로 없을 것이다. 그런데도 왜 거부나 항의의 목소리를 내지 않는 것일까. 왜 행동으로 옮기지 않는 것일까.

우선 대인관계를 생각해 보자. 대인관계 이외의 고민은 없다고 해도 좋을 정도로 사람과 사람 사이의 관계는 복잡하고 성가시다. 부당한 괴롭힘을 당하거나 근거 없는 비난과 중상모략을 당하면 그런 행위를 하는 쪽이 잘못한 게 분명한데도, 오히려 피해를 입은 사람이 괴로워하다가 결국은 스스로 목숨을 끊는 참혹한 일까지 일어난다. 그런 최악의 사태가 벌어지기 전에 왜 주위 사람이 막을 수 없었던 것일까. 애초에 대인관계에서 일어나는 문제는 어디서 비롯되는 것일까.

사회 전체로 시선을 돌려 보면, 오늘날 세상은 차마 쳐다볼 수 없는 부정부패가 횡행하고 있다. 하지만 그 사실을 알고 있어도 어떻게 할 도리가 없다고 말하는 사람이 생각보다 많다.

고등학교 시절, 수업 시간에 한 선생님이 이렇게 전쟁 당시의 일을 고백한 적이 있다.

"교육 공무원이기 때문에 상사의 말을 거스를 수가 없었다.

상사의 지시에 따르는 것이 부하의 임무니까."

전쟁 중의 일이었으니 지금보다 상사의 말을 거스르기가 훨씬 더 어려웠을 것이다. 하지만 선생님의 이야기를 들으면서 나는, 상사의 지시가 잘못되었을 때도 그에 따르는 것이 부하의 역할이라고 말해도 좋은 걸까, 상사의 부정한 지시를 거역하지 못하고 복종한다면 부정이 횡행하는 게 아닐까 생각했던 기억이 난다.

그 선생님은 전쟁 전에 여자사범학교 교장으로 근무했는데 종전 후 공직에서 쫓겨나 해임되었다. 자신과 같은 아랫사람들만 해임이라는 쓰라린 일을 겪었고 정말로 책임을 져야 할 예전 상사들은 아무런 책임도 지지 않았다고 한다. 선생님은 온후한 성격이어서 그 이야기를 할 때도 격앙된 말투를 쓰지 않았지만, 나는 선생님이 경험한 불합리한 일에 분노를 느꼈다. 수업을 하다가 어떤 경위로 이 이야기가 나왔는지는 정확히 기억나지 않지만, 선생님이 공무원으로서 상사의 말을 거스르지 못했다는 사실보다도 정말 책임을 져야 할 사람이 빠져나갔다는 말을 들었을 때 차올랐던 분노를 지금도 기억하고 있다.

이러한 일이 전쟁 중이나 전후의 혼란한 시기에만 일어나는 특별한 일이 아니라, 오늘날에도 일어나고 있다는 사실이 문제다. 상사의 지시를 따르는 것이 옳다고 생각하지 않으면서도 그냥 따르는 사람들 대부분은 소위 생계가 인질로 잡혀 있기 때문에 하고 싶은 말이 있어도 하지 못한다. 상사의 부정을 고발하지도 못하고 진실을 밝히지도 못한다. 더 큰 문제는 아무런 죄책감도 없이 상사에게 복종하는 사람인데, 이들은 상사를 따르는 것이 자신에게 유리하다고 판단해 자신이 부정을 저지르고 있다는 의식조차 전혀 없는 경우가 대부분이다.

부정에 가담한 사람은 '그렇게 할 수밖에 없었다'고 변명하고 싶을지도 모른다. 특히 양심의 가책을 느끼면서도 부정을 저지른 사람은 '거역할 수 없었다'라든가 '그 자리의 분위기가 이의를 제기할 수 없게 만들었다'고 말하고 싶을 것이다. 하지만 정말 그러한지를 깊이 생각해 봐야 한다.

'분위기를 살핀다'는 것은 무엇일까

몇 년 전에 정치 문제로 대두되었던 '촌탁(忖度)'이라는 말이 있다. 이는 누군가가 타인의 심정을 헤아려 배려한다는 뜻으로, 그 누군가는 상사나 사장 등 관계에서 자신보다 윗사람인 경우가 많다. 게다가 특정한 사람에게 촌탁할 뿐만 아니라 그 자리 전체의 '분위기'를 살피려는 사람도 많다.

애당초 '분위기'란 무엇인가. 철학자 구시다 마고이치(串田孫一)가 이런 이야기를 한 적이 있다(《잡목림의 모차르트 雜木林のモーツァルト》). 수업이 끝나기 직전에 교사가 질문이 없는지를 물었을 때, 질문이 있다며 손을 드는 학생은 모두에게 미움을 받는다. 질문하지 않았다면 수업이 빨리 끝났을 텐데, 교사가 그 학생의 질문에 대답하고 있는 동안에는 수업 종료를 알리는 종소리가 울려도 교실에서 벗어날 수 없기 때문이다. 그래서 수업 종료 직전에 질문하는 사람이 있으면 '분위기 파악을 못한다'고 못마땅하게 여긴다.

하지만 실제로는 분위기라는 실체가 있는 것이 아니다. 누군가가 이제 곧 수업이 끝나니 질문하지 말라고 진짜로 말하는 것도 아니다. 그런데 분위기를 잘 파악한다고 생각하는 사람은, 지금은 모두가 질문하지 않기를 원한다고 판단해 교사에게 묻고 싶거나 물어봐야 할 사항이 있어도 질문하기를 단념한다.

작가이자 저널리스트인 헨미 요(辺見庸)는 자신의 저서에서 일본은 '나'가 희박하고 '나'가 없는 분위기만 만연해 있다고 꼬집었다(《사랑과 아픔 愛と痛み》). 헨미 요는, 사람들 대부분이 전체적인 분위기를 민감하게 파악하지 못하는 사람을 향해 눈치가 없다며 빈정거리지만, 이는 미리 장치된 파시즘(fascism)이며 '누에(머리는 원숭이, 팔다리는 호랑이, 몸은 너구리, 꼬리는 뱀 모양을 한 전설상의 괴물이다-역주)'와 같다고 했다.

협조주의적이고 의미 없는 하모니와 이유 없는 그러데이션이 일상을 만들어 내는 것이다. 게다가 분위기는 대부분의 경우, 무언가를 '하기'보다는 '하지 않는' 방향으로 작용하므로 이를 거스르기란 결코 쉽지 않다.

대화가 오가는
'그 자리의 상황'

분위기에 따르지 않고 거부하거나 저항하는 것은 왜 쉽지 않은 걸까. 실제로 누군가가 그런 일을 하면 안 된다고 말하는 것도 아닌데 우리는 그런 분위기를 느낀다. 이것은 개인을 넘어선 전체의 의지라고도 말할 수 있다. 단지 느낄 뿐만 아니라 실제로 존재하고 그 전체의 의지가 개인을 규제하는 것처럼 느껴지기까지 한다. 왜 그런지 그 이유를 대화의 실체에 대해 살펴보면서 생각해 보자.

대화는 다음 두 가지로 구성된다.

① 나(말하는 주체)
② 너(듣는 사람, '나'가 아닌 다른 주체)

'나'만 있으면 대화가 성립되지 않는다. 대화가 성립되려면 말하는 '나'와 그 말을 듣는 '너'가 반드시 존재해야 한다. 대화에서는 이 역할을 번갈아 하게 된다.

그런데 두 사람이 모두 잠자코 있으면 대화는 성립될 수 없다. 나와 네가 '무언가'를 말해야 한다. 그때 대화의 구성 요소로서 '③ 그것(말하는 내용)'이 추가된다.

문제는 여기서부터다. 위의 세 가지 요소 외에 네 번째의 구성 요소가 추가되는 경우가 있다. 그것이 바로 '④ 그 자리의 상황'이다.

철학자 나카오카 나리후미(中岡成文)는 다음과 같이 말한다.

"대화의 생명은 유기적인 맥락에서의 사건성이므로 그 성격 및 그것을 가능하게 하는 자기장과 같은 것을 고려하지 않고 대화의 철학적 해명—게다가 '실천'을 지향한—을 기대할 수는 없다(〈대화와 실천 対話と実践〉)."

잘 모르는 두 사람이 얼굴을 마주하고 처음 대화를 시작할 때를 떠올려 보자. 무슨 얘기를 할까, 이런 이야기를 해도 될까 하는 생각으로 말을 고르고 있는 동안은 두 사람의 대화가 어색하다. 하지만 이야기를 나누다 보면 자연히 다음 화제가 연달아 '생겨나고', 의식해서 화제를 고르려고 애쓰지 않아도 대화가 성립된다. 어떤 이야기든 억지로 짜내지 않아도 이 화제에서 저 화제로 자연스럽게 흐른다.

정신과 의사 기무라 빈(木村敏)은 이러한 상황을 '틈' 또는 '사이(Zwischen)'라고 말한다. 그런데 이 '자리의 상황', 즉 기무라 빈이 말하는 '사이'를 다룰 때는 주의가 필요하다.

기무라 자신은 사이의 실체성을 부정하고 리얼리티로서의 실체화가 아니라고 전제하지만(《마음의 병리를 생각하다 心の病理を考える》), 대화에서 말과 말 사이의 간격은 "어느 의미에서는 '실체적'인 의지의 힘과 같은 것"이며(동 저서), 그 자리의 상황에 관해서는 "집단 전체가 하나의 '자리'를 형성하고 이 자리 자체가 주체적으로 행동하고 있다고밖에 말할 수 없다"라고 밝히고 있다(《관계로서의 자기 関係としての自己》).

하지만 주체적으로 행동하는 것은 개인이며, 그 자리가 주체적으로 행동하는 것은 아니다. 자리가 주체적으로 행동할 때가 있다면, 개인이 그때 그 자리에서 움직이게 되는 것이지, 자리가 개인을 움직이면서 주체적으로 행동하는 것은 아니다. 합주 음악을 생각해 보면, 악기를 연주하는 것은 개인이다. 개인의 의지와는 별개로 그 자리가 개인에게 연주하도록 시키는 것은 아니다.

개인의 주체성과
집단의 주체성

자리의 주체적 행동에 대해 좀 더 자세히 설명하면 다음과 같다.

기무라 빈은 개인보다도 오직 종(種)의 주체성을 인정하고, 그것이 각각의 주체성보다 뛰어나다고 주장했다. 가령 철새처럼 무리를 지어 행동하는 생물에서는 각 개체보다도 무리 전체에서 우월한 주체성을 보려고 했다. 무리 전체를 하나의 주체로 보는 것이다.

이렇게 집단의 주체성을 말할 수 있다면, 집단은 개체와는 다른 차원에서 하나의 생명체로서 살아가고 있다고 해도 좋다. 기무라 빈은 이 고찰을 인간에게도 적용하고 있다(《생명의 형태/형태의 생명 生命のかたち/かたちの生命》).

개체의 주체성은 집단의 주체성보다 열등하며 개인은 집단의 주체성에 지배당한다. 게다가 지배당하는 개인의 주체성은 주체성이라고 할 수도 없다.

"(개인이) 의식적으로는 개인으로서의 '개별 주체성'을 충분히 발휘하며 살아가고 있다고 해도 어차피 그 무의식 속에 잠재해 있는 '종의 주체성'이 '살게 하고' 있을 뿐인지도 모른다(기무라 빈,《관계로서의 자기》)."

그렇게 생각하면 나는 자유 의지로 살아가는 게 아니라는 말이 된다. 전체의 의지가 나를 살 수밖에 없도록 하고, 자신이 선택하는 것이 아니라 무언가에 선택되고 있는 것이다.

이러한 집단적 주체성과 종의 주체성에 관해 논의할 때, 기무라 빈은 철학자 니시다 기타로(西田幾多郎, 1870~1945, 교토학파의 창시자-역주)와 생태학자이자 문화인류학자인 이마니시 긴지(今西錦司, 1902~1992, 교토대학교 명예교수 역임-역주)의 영향을 받고 있다. 이들 가운데서도 이마니시 긴지는 자연도태를 부정하고 진화의 단위를 다윈과 같이 개체가 아닌 종으로 인식했다.

그리고 "종 개체 전체가 바뀌어야 할 때가 오면 모두 일제히 바뀐다"고 생각했다(이마니시 긴지, 《자연학 제안 自然学の提唱》). 또한 이마니시 긴지는 다음과 같이 말한다. "개체가 종 속에 포함되어 있다고 말할 수 있는 동시에 어떤 개체 속에도 마찬가지로 종이 포함되어 있다. (중략) 개체는 곧 종이며, 종은 곧 개체다(《생물의 세계 生物の世界》)."

이는 동서고금의 '즉(即)'의 원리, 니시다 기타로가 말하는 절대 모순적 자기동일의 논리라고 기무라는 설명한다(《관계로서의 자기》). 기무라 자신은 이러한 생각에 대해 개체와 전체는 '즉'으로는 연결할 수 없다고 하여 보통의 전체주의와 구별하고 있지만(기무라 빈 & 히가키 다쓰야, 《생명과 현실 生命と現実》), 오해받을 위험성을 내포하고 있다는 사실은 부정할 수 없다.

바뀌는 주체가 개체가 아닌 종이라면 개체는 종의 결정에 따를 수밖에 없다. 일본에 있던 새가 어느 겨울날 일제히 다른 땅으로 날아가는 현상을 생각해 봐도, 각각의 새가 결정하는 것이 아니라 종이 지금이야말로 이동할 때라고 판단해 멀리 날아가는 것으로 보인다. 하지만 종이 '바뀌어야 할 때'라는 것을 어떻게 아는지, 우리는 알 수 없다.

그렇다면 다시 처음으로 돌아가서, 이러한 집단의 주체성 혹은 그 자리의 힘은 정말로 존재하는 것일까. 혹은 여기서 이야기할 만큼 강한 영향을 끼치는 것일까.

분위기를 실체화해서는 안 된다

대화를 둘러싼 조건으로써 언급한 그 자리의 상황은 대화를 성립시키는 조건이다. 그런데 그 자리, 분위기, 말과 말 사이의 간격 같은 요소가 실체화된다면, 원활한 대화가 이루어지는 데 지장이 생긴다.

이에 대해 기무라 빈은 사람과 사람과의 사이, 혹은 간주관성(間主觀性, 많은 주관 사이에서 서로 공통적인 것이 인정되는 성질, 상호

주관성이라고도 한다-역주)에 대해 언급할 때, 이 사이는 "전혀 커뮤니케이션을 하지 않아도" 감지된다고 설명한다(《마음의 병리를 생각하다》). 그리고 이 감각은 직접적, 본능적, 비논리적, 비합리적인 성격을 지닌다고 말한다.

실제로 대화에서는 거론되고 있는 화제의 의미나 내용뿐만 아니라 말할 때의 목소리 톤, 악센트, 억양 등이 중요한 역할을 한다. 그래서 문자 메시지만으로 커뮤니케이션을 할 때는 쓰인 글자 외에는 상대를 이해할 수 있는 요소가 없기 때문에 간혹 감정적인 마찰을 빚기도 한다. 외국어 초심자가 전화로 이야기하기를 주저하게 되는 것도 이 때문이다. 얼굴을 마주 보고 대화를 나누면 언어뿐만 아니라 몸짓이나 손동작을 섞어 자신에게 부족한 지식을 보완할 수 있지만, 전화로만 의견을 나눌 때는 그렇게 할 수 없기 때문이다. 하지만 기무라 빈이 말하는 것은 그런 의미와는 조금 다르다.

그가 "커뮤니케이션을 하지 않아도" 직접 느끼고 이해한다고 말할 때의 '감각'은 '공통 감각'이다. 이것은 영어로 하면 커먼 센스(common sense)인데 '상식'이라는 의미는 아니다. 시각, 청각, 촉각 등의 각 개별 감각에 공통하는 감각이라는 의미다. 또한 그것은 대인관계에서 그 자리의 분위기를 파악해 그 상황에 부적합한 행동을 방지하기 위한 감각과 같은 의미이기도 하다(《관계로서의 자기》).

그 결과 '자리', '사이', '분위기'의 중요성을 강조하는 것은 대화를 원활히 하기는커녕 오히려 대화 자체를 쉽지 않게 만든다. 수업이 끝나기 직전에 교사에게 질문하는 사례에서 살펴보았듯이, 빨리 수업을 끝내고 싶어 하는 분위기가 학생들에게 질문을 만류하는 식으로 작용해 버린다. 자신의 발언이 타인의 심기를 불편하게 하거나 그 자리의 분위기를 해치는 게 아닐까 하고 느끼는 사람은 자유롭고 거침없이 말하기를 주저하게 된다. 그 장소에 맞지 않는 행동을 하지 않으려면 아무 말도 하지 않고 잠자코 있는 게 가장 안전한 방법이 되는 셈이다.

원활한 대화에 필요한 비언어적 요소들

외국어 공부를 해 본 적이 있는 사람은 아마도 경험이 있겠지만, 외국어는 처음에는 아무 의미 없는 소리에 불과하다가 마침내 군데군데 알아들을 수 있게 된다. 그러면 이제 그것은 단순한 '소리'를 넘어선다.

어린아이도 같은 경험을 한다. 단지 소리로만 들렸던 부모나 주위 사람들의 말에 의미가 있다는 것을 차츰 알게 된다. 갑자기

한순간에 모든 의미를 이해하는 게 아니라 시간을 두고 드문드문 단어를 알아듣게 된다. 시간이 지나면 단어만이 아니라 점점 더 긴 문장을 이해할 수 있다.

말하는 사람의 몸동작이나 손짓, 표정은 말의 의미를 이해하는 실마리가 된다. 언어를 말로 할 때의 억양이나 말투도 말을 이해하는 단서가 된다. 상냥한 말투로 이야기를 들을 때가 있는가 하면 매서운 말투로 야단을 맞기도 한다. 아이는 어른이 말하는 의미를 이해하지 못해도 자신의 행위가 제지당한다는 것은 알아차린다. 어른이 하는 말을 알아듣지 못해도 들은 대로 흉내를 내고 따라 한다. 또한 그 자리에서는 듣기만 하다가 다른 기회에 그때 들은 말을 사용해 보고, 만약 어른이 그 말을 이해해 대답하면 그 경험을 통해 자신이 그 말을 적절하게 사용했다는 사실을 깨닫고 또 다른 기회에 사용한다.

이처럼 시간을 들여 익힐 수 있는 모국어의 경우는 문제가 되지 않지만, 외국어로 커뮤니케이션을 취할 때는 소리를 듣는 것만으로는 바로 이해하기 어렵다. 모국어의 경우처럼 듣는 시간이 길지 않아서가 아니라, 먼저 모국어로 치환하는 단계를 거쳐 이해하기 때문이다.

물론 외국어에 능숙해지면, 상대의 말을 이해하려고 집중하지 않아도 의미를 알아듣게 되고, 이야기를 할 때도 언어를 구성하려는 의식적인 노력 없이 자연스럽게 말이 흘러나온다.

하지만 의미를 이해할 때 타임래그(time-lag, 어떤 자극이 주어졌을 때 그에 대한 반응이 나타나기까지의 시간적 지체-역주)가 발생하는 현상은 모국어로 말할 때도 일어난다. 어떤 말을 할지 생각하는 동안에 이야기의 흐름을 따라가지 못하게 된다. 언어의 의미에만 의식을 쏟으면 적당한 타이밍을 놓치고 마는 것이다.

대화가 원활히 진행되려면 상대가 다음에 무슨 말을 하려는지를 무의식적으로 미리 짐작하면서 들어야 한다(와시다 기요카즈, 《듣기의 힘 聴くことの力》). 이렇게 앞질러 이해할 수 있게 하는 요소는 상대가 하는 말의 내용, 그리고 의미 이외의 목소리, 몸동작, 손짓이다.

이들 요소가 전해지지 않거나 보이지 않는 상황에서는 대화하기가 어렵다. 상대와 얼굴을 마주하고 있을 때는 설령 이야기가 잠시 끊기고 침묵이 찾아와도 그 틈은 단지 말이 없을 뿐 대화가 끊어진 것은 아니다. 하지만 전화로 이야기를 나눌 때처럼 모습이 보이지 않으면 침묵은 대화의 중단으로 느껴진다. 전화로 대화하기가 어려운 것은 외국어로 이야기할 때뿐만이 아니다. 모국어로 이야기할 때도 여지없이 긴장하게 된다.

또한 무슨 말을 할까 하고 일일이 생각하다가는 대화에 공백이 생긴다(와시다 기요카즈, 《듣기의 힘》). 반대로 대화가 매끄럽게 이어질 때는 자연스럽게 말이 나온다고 해도 좋을 정도로, 흐름만 따라가면 특별히 의식하지 않고도 이야기할 수 있다.

우울증 환자의 대답을
기다려 주지 않은 아들러

정리해 보면, 대화하다가 말이 끊기거나 말할 타이밍을 놓치는 이유는 말의 의미와 내용만으로 상대의 말뜻을 이해하려고 하기 때문이다. 그렇다면 이야기의 내용과는 별개로, 그 자리의 상황 이나 대화의 틈새, 또는 분위기를 파악하지 못하는 사람은 능숙 하게 이야기할 수 없는 걸까? 이들은 대화를 이루는 데 필요한 세 번째 요소로써 실제로 존재하는 것일까?

훗날 미국에서 아들러의 일을 이어받은 정신의학자 루돌프 드라이커스(Rudolf Dreikurs, 아들러의 이론을 임상과 교육현장에 적용한 대표적인 개인심리학 정신의학자이다-역주)는 어느 날, 자신이 진료 하고 있는 환자에 관해 아들러에게 조언을 구했다. 드라이커스 는 그 환자에게 우울증이라고 진단을 내렸지만 자신의 진단에 확신을 얻고 싶어 했다. 드라이커스는 그때의 일을 다음과 같이 보고했다(《알프레드 아들러: 우리가 그를 기억하는 한》).

"아들러가 진찰하려고 이 환자에게 다가갔을 때 주위에는 수 련의, 간호사, 정신과 의사가 서 있었다. 아들러는 환자에게 먼 저 이름을 물어본 후, 지금 어떤 느낌이 드는지, 이곳이 마음에 드는지, 뭔가 필요한 일은 없는지 등을 차례로 묻기 시작했다.

이 환자는 우울증 환자에게서 나타나는 특유의 느린 말투로 대답했다.

그런데 놀라운 일이 벌어졌다. 아들러는 첫 질문을 한 후, 환자가 천천히 답변을 끝낼 때까지 기다리지 않고 다음 질문을 던졌다. 그러고는 또 환자의 대답이 끝나기도 전에 다음 질문을 했다.

실제로 나는 내 스승의 행동에 적잖이 당황했다. 아들러는 우울증 환자가 빨리 말할 수 없다는 사실을 모르는 걸까. 하지만 그는 그다지 기다려 주지 않았고 냉정하고도 침착하게 질문을 이어 갔다. 그런데 이게 어찌된 일인가.

환자가 갑자기 뭔가를 말하고 싶어 하면서 빠른 속도로 대답하기 시작하는 게 아닌가. 그때부터 아들러는 환자와 매우 평범하게 대화를 나눴다. 아들러는 우울증 환자가 천천히 말할 수밖에 없다는 판단을 받아들이지 않았던 것이다."

이것은 대화할 때 두 사람이 하는 말의 '사이', 즉 시간 간격에 관한 흥미진진한 사례가 아닐 수 없다. 영어로는 'in a slow way'라든가 'fast' 혹은 'quickly' 같은 표현을 사용하는데, 말이 빨랐다거나 천천히 이야기했다는 게 아니라, 아들러가 이 환자와 이야기할 때 대화의 간격을 조절하는 방법이 평범하지 않았다는 의미다. 아들러는 질문을 던지고 나서 대답이 돌아올 때까지의 사이, 즉 시간 간격이 너무 길거나 너무 짧았다. 그리고 아들러가 진찰한 환자는 병으로 인해 질문에 바로, 또는 적당한 시간 간격을 두고 답하지 '못했던' 게 아니라 천천히 대답하려고 '마음먹은' 것이었다.

아들러는 이 환자와는 대조적으로 쉬지 않고 이야기하는 여성의 사례를 들었다(《아들러 삶의 의미》). 이 여성은 이상할 정도로 말이 많고 빨라서 상대가 거의 끼어들 틈이 없었다. 이렇게 말하게 된 데는 '이유'가 있었다. 아들러는 이 이유로서 '원인'이 아니라 '목적'을 생각했다. 이 목적은 대부분의 경우 무의식적이다. "왜 그렇게 했는가?"하고 물어도 "그런 건 생각한 적도 없다"는 대답이 돌아올 게 뻔했다. 뭔가 원인이 있어서 수다스러워진 게 아니라 상대가 말참견하지 못하게 하려고 빠른 말투로 말하는 것이다. 그렇다면 말참견을 하지 못하게 해야 하는 이유가 있다.

아들러는 오노레 드 발자크(Honoré de Balzac)의 소설에서 다음의 이야기를 인용했다(《아이 교육 The Education of Children》).

두 사람의 상인이 협상에서 서로 우위를 차지해 이득을 취하려 한다. 한창 밀고 당기며 거래하던 중에 한 사람이 말을 더듬거리기 시작한다. 다른 한 사람은 상대가 가격을 제시하기 전에 생각할 시간을 벌기 위해 말을 더듬는다는 사실을 알아차리고 놀란다. 그래서 그에 대항할 방법을 생각한다. 그러자 갑자기 아무것도 들리지 않게 되었다.

이러한 상황이 벌어지자 이번에는 상대가 잘 들리도록 큰 목소리를 내야만 했고 말을 더듬던 사람이 불리해졌다. 이렇게 해서 마침내 두 사람 사이에 대등한 관계가 이루어졌다.

아들러가 자신의 질문에 환자가 대답하기를 기다리지 않고 다음 질문을 던지기 시작한 것도 환자가 바로 대답하지 않는 방법으로 대화의 주도권을 쥐려고 한다는 사실을 알아차렸기 때문이다. 이 환자는 주도권을 확보하기 위해서 천천히 말했지만, 환자가 의식해서 그렇게 했던 것은 아니었다.

대화 사이의 시간 간격은
언제나 인위적

행동의 목적을 살펴보면 발생한 일을 정확히 이해할 수 있다. 대화 사이에 생기는 틈, 시간 간격은 결코 자연발생적으로 생긴 것이 아니라 인위적이다. 이 환자의 사례에서도 알 수 있듯이, 적절한 대화 간격을 취하지 못하는 것은 병 때문이 아니다. 아들러는 환자가 천천히 말하는 것은 우울증의 증상이 아니라, 천천히 말함으로써 대화의 주도권을 쥐려고 하는 목적이 있다는 사실을 꿰뚫어 봤다.

대화의 주도권을 쥐려고 하는 것은 단지 의사와의 관계뿐만

이 아니며 환자의 대인관계 전체에서 나타난다. 대인관계에서 업무가 원인이 되어 문제가 일어나는 것과 마찬가지로, 치료나 카운슬링에서는 환자에 대한 관계 구축 방법을 문제로 삼아야 한다. 증상을 제거하는 것은 치료나 카운슬링의 목표가 아니다. 환자가 천천히 말하는 까닭은 대화의 주도권을 잡는 데 필요하기 때문이다. 대인관계에서 그런 일을 할 필요가 없다는 것을 이해하지 않는 한, 설령 천천히가 아니라 보통 속도로 말할 수 있게 된다 해도 아들러의 말을 빌리자면, 아무런 망설임 없이 또 다른 골치 아픈 증상을 만들어 낼 것이다.

반대로 대화에서 적절한 시간 간격을 취하는 것이 반드시 좋은 것만은 아니다. 적절한 간격을 만드는 것이 대화의 주된 목적도 아니다. 대화 사이에 적당한 간격을 만든다거나 만들지 못한다거나 하는 '의미의 외부'에 있는 요소에 초점을 맞출 필요는 없다.

기무라 빈은 사람들이 대화할 때 이중 의지가 있다고 말한다. 즉 전체의 의지와 개인의 의지가 있고 그것들이 혼연일체가 되어서 어떤 말투로 말할지와 무슨 이야기를 할지 결정하기 때문에, 개인의 의지만으로 대화를 할 수 없다고 강조한다(《마음의 병리를 생각하다》). 하지만 대화 사이의 간격은 자연발생적이어서 조절할 수 없는 게 아니라 인위적으로 형성된다.

대화를 중심으로 생각했던
소크라테스

소크라테스는 분위기를 파악하지 못하는 사람이 아니었다. 그는 국가가 믿는 신을 믿지 않고 젊은이에게 해악을 끼쳤다는 이유로 고소당해 재판을 받았고, 그 결과 사형에 처해졌다. 사형이 집행되는 날 아침 일찍부터 친구들은 옥중에 있는 소크라테스를 찾아갔다.

소크라테스는 처형을 눈앞에 두고도 영혼 불멸에 관해 친구들과 토론했다. 소크라테스가 말을 끝마쳤을 때, 긴 침묵이 그 자리를 뒤덮었다. 소크라테스의 이야기를 이해하지 못한 사람들이 있었기 때문이었다.

"지금까지 이야기를 듣고 뭔가 이해되지 않는 부분이 있다면 거리낌 없이 말해 주길 바라네. 더 철저히 파고들기를 원한다면 자네들이 스스로 발언하고 의견을 말해 보시게. 혹시 내가 참여하는 게 도움이 될 것 같으면 나도 함께하겠네(플라톤,《파이돈》)."

시미아스는 소크라테스의 이야기를 이해하지 못했지만, 사형을 앞둔 불행한 소크라테스에게 그 얘길 굳이 꺼내 반박하지 않으려 했다. 폐를 끼치는 일일지도 모른다고 생각해 말하기를 주저했지만, 소크라테스가 이렇게 격려하자 자신이 느낀 의문을 솔직히 표명했다.

이때의 이야기를 전하는 파이돈은 다음과 같이 말했다. "제가 무엇보다도 그분에게 감탄한 것은 젊은이들의 의견을 자상하고 만족해하는 태도로 즐기듯이 받아들였던 점입니다. 그리고 그들의 토론을 듣고 우리가 어떤 생각이 들었는지를 바로 예리하게 간파하면서, 더불어 그러한 우리를 능숙하게 달래 준 그 방식이었습니다(플라톤, 《파이돈》)."

대개는 이제 곧 사형에 처해질 사람에게 영혼의 불멸에 대한 이야기를 하지는 않을 테고, 설사 소크라테스가 하는 말이 잘못되었다고 생각하더라도 말을 꺼내지 못할 것이다. 만약 소크라테스의 의견에 관해 논쟁을 벌이고자 하는 사람이 나온다면, 분위기 파악을 못한다는 핀잔을 들었을지도 모른다. 그런 면에서 '우리가 어떤 생각이 들었는지를 바로 예리하게 간파한' 소크라테스야말로 누구보다도 그 자리의 분위기를 확실히 파악했다고 해야 할 것이다.

중요한 것은 이처럼 분위기를 살펴보는 일이 그 후의 대화를 방해하거나 가로막지 않았다는 사실이다. 오히려 소크라테스는 젊은이들의 심중을 헤아린 뒤에 이해할 수 없는 점을 물어보라고 권했던 것이다.

인위적인 분위기를
이용하는 사람들

엄밀히 말하면, 소크라테스는 거스를 수 없는 것으로서 존재하는 분위기를 알아챘던 것은 아니다. 소크라테스는 그 자리에 있는 사람들이 영혼 불멸을 화제로 삼기 어려워한다는 것을 알았고, 그들이 무엇을 생각하고 어떻게 느끼고 있는지를 세심히 살펴 오히려 토론이 더욱 활기차게 이루어지도록 젊은이들을 북돋웠다.

하지만 많은 사람이 소크라테스와는 달리, 말과 행동을 삼가도록 강요하는 듯한 분위기를 느낀다. 그 자리의 분위기에 압도당하면 옳지 않다고 여기면서도 반박하지 못한다. 냉정하게 생각하면 당연히 이상하다고 판단할 수 있는 상황인데도 그 자리의 분위기에 이끌려 반론하지 못하고 어쩔 수 없이 동의한다.

설득당한 사람은 자신이 설득당한 이유로 분위기를 내세운다. 하지만 그 자리의 분위기에 휩쓸렸다는 것은 사실이 아니다. 말해야 하는데도 말하지 못했던 자신의 행동을 그 자리의 분위기 탓으로 돌리는 것뿐이다. 분위기에 휩쓸린 사람이 동의해서는 안 될 사안에 동의한 것은 분명 자신의 책임이다.

자신에게 유리한 쪽으로 설득하려는 사람, 다른 사람의 발언을 차단하고 싶어 하는 사람도 이 분위기를 이용하는 것이다.

예를 들어 코로나 팬데믹 상황에서 일본 정부는 외출이나 모임을 자제하라고 권고한 뒤, 이 지시에 따르지 않는 사람이나 자영업자에게 압력을 가하는 분위기를 만들어 놓았다. 정치가는 휴업에 대한 보상도 하지 않은 채 오직 알아서 자숙하기를 요구했고, 그러면서 정부의 요청에 따르지 않은 사람을 두고 보지 못하는 다른 사람들을 이용했다. 왜 가게를 닫지 않느냐는 전화를 거는 사람이 있으면 매스컴은 그런 전화를 하는 사람이 있다는 사실을 보도한다. 기사를 읽거나 텔레비전에서 보도를 접한 사람들은 다른 사람의 행동을 감시한다. 혹은 행동을 자숙해야 한다는 분위기를 느끼게 된다. 문제는 이러한 분위기가 자연발생적이 아니라는 점이다. 정부는 휴업 요청에 응하지 않는 가게의 이름을 공표하겠다고까지 말했었는데, 이는 사람들이 SNS에서 이 가게를 비난하기를 권장하는 것이나 다름없다. 한마디로 정부가 공인한 괴롭힘이다.

분위기에 대한
저항이 필요하다

———————————— / ————————————

지금까지 우리는 분위기나 거부하기 어려운 자리의 압력을 느끼는 일이 있어도 실은 그러한 일들이 인위적이라는 사실, 그리고 그 분위기를 사람을 설득하거나 어떤 방향으로 유도하는 데 사용한다는 사실, 또 반론하지 못하고 설득당한 데 대한 이유로서 꺼내 드는 사람이 있다는 사실을 살펴보았다.

앞서 언급한, 수업 중에 교사에게 질문하는 이야기로 돌아가 보자. 질문하는 것이 자신뿐만 아니라 모두에게 유익하다면 수업 종료 직전이든 아니든 상관없이 질문해야 옳다.

교사로 일해 본 경험에서 말하자면, 수업이 끝나고 나서 질문을 받는 것은 기쁘지 않다. 수업 내용에 관해서 의문을 느낀 학생은 분명 질문을 하러 찾아온 학생만이 아닐지도 모른다. 그렇다면 그 질문과 답변을 다른 학생들도 공유하도록 하는 것이 교사에게나 학생들에게나 유익하다. 수업이 끝나고 나서 질문하러 오는 것은 모두의 앞에서 질문하기가 부끄러워서인 까닭도 있겠지만, 교사는 어떤 질문이든 반드시 모두에게 유익하다는 사실을 학생들에게 일러 둬야 한다.

또한 교사는 당연히 학생의 질문을 차단해서도 안 된다. 만약 질문하고 싶은데 교사가 "오늘은 더 이상 질문하지 마라" 하는 식으로 말했다고 해도 학생은 잠자코 따라서는 안 된다.

동급생들이 질문하지 말라는 무언의 강력한 압력을 뿜어내고 있더라도 그에 굴복할 필요는 없다. 한시라도 빨리 수업을 마치고 싶어 하는 동급생들이 나를 어떻게 생각할까를 눈치 보지 말고, 수업이 한창 진행될 때든 수업 종료 벨이 울리기 직전이든, 수업을 이해하는 데 필요한 질문은 반드시 해야 한다.

질문을 차단하려는 학생들은 왜 수업을 듣는지를 잊고 있는 것이다. 배울 마음이 있다면 '다른 애들은 모두 수업을 빨리 마치고 해방되고 싶어 하겠지' 혹은 '이런 질문을 해서 수업을 연장시키면 다들 싫어할 게 분명해' 하고 의식하지 하지 않아도 된다. 분위기를 살필 필요가 없다. 정치가의 기자회견을 보면, 기자가 질문을 하려고 손을 들고 있어도 바로 다음 일정이 있다는 이유를 들어 질문을 받지 않는 경우가 있다. 심지어 일정이 있다고 양해를 구하지조차 않을 때도 있다. 더 이상 질문하지 말라는 분위기를 조성하는 것이다. 이럴 때 기자가 질문을 차단당하는 상황을 납득하고 그냥 넘어가서는 안 된다. 아직 질문할 내용이 남아 있다면 도중에 회견이 끊기는 데 항의해야 한다. 회견을 끝내려고 하니까 감히 질문을 해서는 안 된다고 기자들이 알아서 분위기를 살피며 눈치를 본다는 것은 한심한 일이 아닐 수 없다.

필요하다면 막아서는 사람이 있어도 굴복해서는 안 된다. 정말로 해야 할 일을 하고 할 말을 하기 위해서는 그 자리의 분위기에 맞설 수 있는 용기를 가져야 한다.

'나'가 너무 많아서
만연하는 '분위기'

그렇다면 우리 사회에 이런 '분위기'가 만연하고 있는 까닭이 정말로 '나'가 없기 때문일까. 즉, 동조 의식이 강해서 해야 할 말이나 하고 싶은 말이 있어도 주변 사람들을 신경 쓰느라 아무 말도 하지 않는 걸까. '나' 대신에 전체의 의지가 멋대로 앞서 나가서일까.

하지만 이는 반대다. 분위기에 거스를 용기가 없는 사람은 남들이 어떻게 볼까 하는 것만 생각하게 되는데, 그것은 바꿔 말하면 '나'가 없는 게 아니라 오히려 '나'가 너무 많은 것이다. 정말로 '나'가 없으면 다른 사람에게 어떻게 보일지 남의 시선을 신경 쓸 리가 없다. 즉 그런 사람은 말해야 한다고 생각하면서도 분위기가 주는 압박감이 커서 할 말을 하지 못하는 것이 아니다. 그저 남들에게 좋은 사람으로 보이고 싶어서 해야 할 말이나 해야할 행동을 하지 않는 것뿐이다.

그때 내세우는 대의명분은 대개 분위기를 잘 파악해서 분쟁을 일으키지 않고 평화로운 상태를 유지한다는 것이다. 하지만 알고 보면 솔직한 의견을 드러내지 않아야 자신에게 이점이 있다고 판단해 그렇게 행동하는 쪽을 선택하는 것뿐이다.

재판장을 찾은
소크라테스의 태도

한편 재판에 임한 소크라테스처럼 기어코 그 자리의 분위기에 반하는 행동을 취하는 일도 있다.

소크라테스는 재판관과 배심원들을 설득하기 위해 미사여구를 동원해 말하지 않았다. 소크라테스는 국가가 인정한 신을 믿지 않고 젊은이들을 타락시켰다는 죄목으로 아테네 시민 세 명에게 고발당했는데, 재판장에서의 변론 연설에서 자신을 고발한 사람의 연설을 듣고는 "나 자신조차도 그들의 이야기를 듣고 하마터면 내가 할 말을 잊을 뻔했습니다. 그만큼 그들의 주장은 설득력이 있더군요." 하고 말했다(플라톤, 《소크라테스의 변론》).

설득하려는 사람은 대개 이성이 아닌 정에 호소한다. 그 호소를 관철시키기 위해서는 청중의 안색을 살피고 그 자리의 분위기를 눈치 빠르게 파악해야만 한다.

소크라테스가 변론 연설을 마친 후, 유죄인지 무죄인지를 결정하는 배심원들의 투표가 진행되었다. 유죄라는 판결이 내려지자 이번에는 어떤 형벌에 처할 것인지를 결정해야 했다. 그때도 소크라테스는 감형받을 수 있도록 배심원들의 감정에 호소하지 않았다.

소크라테스에게는 자식이 세 명 있었다. 첫째는 이미 청년이었지만 두 아이는 아직 어렸다. 소크라테스가 만약 이 아이들 중 한 명이라도 재판장으로 데려왔더라면 사형을 면했을지도 모른다. 자신이 죽으면 이 아이들이 길바닥으로 나앉게 된다고 눈물로 호소할 수도 있었다.

그런데 소크라테스는 그렇게 하지 않았다. 오로지 자신이 옳다고 믿는 신념을 주장하면서 재판관의 신경을 거스른다고밖에 볼 수 없는 말만 했다. 그래서 유죄인가 무죄인가를 놓고 투표가 벌어졌을 때는 근소한 차이로 유죄 판결을 받았지만, 양형을 정하는 투표에서는 벌금보다 사형에 표를 던진 사람이 훨씬 많았다.

사람은 자신에게
득이 되는 일을 한다

사람은 자신에게 이득이 되는 일을 한다. 하지만 결과적으로는 그 일이 자신에게 이득이 되지 않을 때도 많다.

소크라테스의 역설로 잘 알려져 있는 "그 누구도 악을 원하는 사람은 없다"라는 명제가 있다. 이 말을 들으면 악을 원하는 사람도 있지 않을까, 실제로 부정을 행하는 사람이 있지 않은가, 하고 바로 반론하고 싶은 사람도 있을 것이다.

가령 정의에 관해서 말하자면, 정의를 행하는 사람은 무심결에 정의를 실천하고 있을 뿐, 본심에서 우러나와 행동하는 정의의 사도가 아닐지도 모른다. 즉, 만약 아무도 모르게 부정을 행할 기회가 주어진다면 부정을 저지를지도 모른다.

어쩔 수 없이 부정을 행하는 사람도 있을 것이다. 상사에게 거짓말을 강요당해서 지시에 따랐을 뿐, 사실은 그런 일을 하고 싶지 않았을 수도 있다. 관료가 정치가의 명령을 거역하지 못하고 누가 봐도 뻔한 거짓말로 마지못해 그를 감싸는 경우도 있다. 현대 사회의 문제는 부정한 일이라는 사실이 명명백백한데도 버젓이 거짓말을 하거나 부정을 저지르는 사람이 있다는 사실이다.

이러한 것들을 생각하면 "그 누구도 악을 원하는 사람은 없다"는 명제는 역설처럼 보인다.

하지만 그리스어를 살펴보면, 이 명제에서 사용되고 있는 '선(善)'과 '악(惡)'에는 도덕적인 의미가 없다. 선은 '이득이 된다', '도움이 된다'라는 의미이고 악은 '이득이 되지 않는다', '도움이 되지 않는다'라는 의미다.

그 누구도 악을 원하는 사람은 없다는 명제에서, 선과 악에 각각 '도움이 된다'와 '도움이 되지 않는다'는 의미를 적용해 이 명제를 다시 읽으면, 그것은 '그 누구도 자신에게 도움이 되지 않는 일은 원치 않는다', '자신에게 이득이 되는 일을 원한다'는 의미가 된다.

이렇게 읽으면 "그 누구도 악을 원하는 사람은 없다"라는 명제는 당연한 사실을 말하고 있을 뿐이지 결코 역설이 아니다. 즉 부정을 행하는 사람은 악을 원하는 것이 아니다. 부정을 행하는 일이 자신을 위한 일이라고 믿는 것뿐이다.

소크라테스는 정의야말로 선이라고 생각했다. 그래서 다른 사람의 온정에 호소해 생명을 구하면 된다고 생각하지 않았다.

사람은 누구나 '선'이 되는 일, 다시 말해 자신에게 이득이 되는 일밖에 하지 않는다. 어떤 행위를 선택할 때도 그 행위가 자신에게 이득이 되는지 아닌지로 결정한다. 그 자리의 분위기를 살피는 사람이나 분위기를 거부하지 못했다고 하는 사람은 그렇게 하는 것이 자신에게 이득이 된다고 판단했을 뿐이며, 분위기의 탓으로 돌려서 자신이 책임을 지지 않으려는 것이다. 그중에는 다수의 의견을 따라야 대인관계의 갈등이나 마찰을 피할 수 있다고 생각하는 사람도 있다. 문제는 그렇게 하는 것이 정말로 '선'인가 하는 점이다.

사람은 누구나 '선'이 되는 일,
다시 말해 자신에게
이득이 되는 일밖에 하지 않는다.
그 자리의 분위기를 살피는 사람은
그렇게 하는 것이 자신에게
이득이 된다고 판단했을 뿐이며,
분위기의 탓으로 돌려서
자신이 책임을 지지 않으려는 것이다.

3

압력에

굴하지

마라

'도덕'이라는
이름의 위압

―――――――――――――――――/――――――――――――――――――

지금까지, 분위기를 살피다 보면 하고 싶은 말을 하지 못하고 해야 할 일을 할 수 없게 된다는 점을 살펴보았다. 분위기를 살피면 확실히 마찰은 줄어든다. 하지만 그 대신에 행동의 자유를 제한당하거나 잃기도 한다.

자유를 방해하는 것은 분위기뿐만이 아니다. 앞서도 얘기했듯이, 분위기는 실체로서 존재하지 않기에, 그것을 감지하더라도 무시할 수는 있다. 하지만 더욱 강력하게 행동에 영향을 미치고 제동을 거는 압력이 있다. 그것은 바로 '도덕'이다. 도덕이 행동의 자유를 저지하고 때로 불합리한 압력을 가하기도 한다.

과학기술에 대해 생각해 보자. 과학기술은 놀랄 정도로 눈부시게 발달하고 있다. 지금은 불가능한 일이라도 과학기술이 더 발달하면 언젠가는 그 일이 가능해질지 모른다. 하지만 기술적으로 가능하다고 해서 무슨 일이든 해도 좋다는 것은 아니다.

장기 이식 문제를 예로 들자면, 이식할 수 있다고 해서 이식해도 되는가는 별개의 문제다. 기계 부품을 교환하는 것과는 다르기 때문이다.

내가 관상동맥 우회술을 받았을 때는 내 혈관 일부를 떼어 내어 우회로를 만드는 데 사용했기에 다른 사람에게 기증받을 필요가 없었다. 의사의 설명을 듣고 수술을 받을지 말지를 내가 결정하면 그만이었다. 수술에 따른 리스크도 나 자신이 책임지면 되었다.

하지만 장기 이식의 경우, 수술에 따른 리스크는 자신뿐만이 아니라 장기 제공자에게도 발생한다. 이 때문에 이식을 둘러싸고 대인관계에 영향을 미친다. 의료기술이 더욱 발달하면 장기 이식을 할 필요조차 없어지는 시대가 올지도 모르지만, 아직까지는 이식을 둘러싸고 대인관계의 문제가 일어나는 상황을 피할 수 없다. 부모자식 간의 이식이 특히 문제가 된다. 이식을 거부하면 무언가 마찰이 생긴다.

부모니까
당연하다는 압력

법의학자인 우에노 마사히코(上野正彦)는 신장 이식을 둘러싸고 어머니와 아버지의 애정이 다르다고 말했다(《시체는 애절하게 말한다 死体は切なく語る》). 그의 말에 따르면, 아이가 신부전 상태가 되어 이식밖에 치료 방법이 없다면 부모가 제공하는 것이 가장

좋은데, 아버지는 바로 이식할 결심을 못하는 반면 어머니는 신장을 제공하겠다고 바로 결정한다. 왜냐하면 어머니는 자신을 희생해서라도 자식을 위해서 뭐든지 하는 존재이며 아이는 어머니의 '분신'이기 때문이다. 그리고 그 후 정치가 고노 다로가 아버지 고노 요헤이에게 간을 제공한 이야기를 거론하면서 '매스컴은 그다지 크게 다루지 않지만 더 크게 보도해야 할 미담이라고 생각한다'라는 견해를 밝혔다.

만성신부전으로 주 3회 혈액을 투석하고 있는 18세 여성이 있었는데 어느 날 의사에게 신장 이식 제안을 받았다. 이식한다 해도 신장의 생착률은 100퍼센트가 아니었다. 의사의 설명에 따르면, 경우에 따라서는 이식했다가 바로 적출해야 하는 상황도 생길 수 있다고 했다.

검사 결과 어머니가 신장을 제공할 수 있다는 것을 알게 됐다. 이에 신장 이식 수술을 하기 위한 준비가 진행되던 중에 이 어머니가 무척 우울해한다는 사실을 알아챈 간호사가 그 까닭을 물었다.

"딸에게 신장을 제공해 줄 수 있는 사람이 저밖에 없다는 건 잘 알고 있어요. 하지만 시어머니에게 '엄마라면 당연한 거지'라고 하는 말을 들으니까 뭔가 납득이 안 되고 답답하더라고요. 이대로라면 개운치 않은 기분으로 수술을 받게 될 거고 그런 생각을 하다 보니 너무나 불안해요."

의사인 호시노 가즈마사(星野一正)는 장기 이식에 반대하는

사람에 대해 다음과 같이 말한다. "장기 이식을 받으면 살 수 있거나 사회 복귀할 가능성이 있는 사람에게 '나는 장기 이식에 반대하니까 당신도 이식을 받으면 안 된다' 하고 말하는 것은, 비록 의도적인 것은 아니나 '설령 당신이 죽는다 해도 나는 장기 이식에는 반대한다'라고 말하는 것이나 다름없다(《의료의 윤리 医療の倫理》)."

호시노의 이러한 견해는 환자 측의 발언으로 이해할 수 있다. 제삼자의 시점에서 장기 이식 문제를 보는 것과 환자 자신이나 가족이 장기 이식 문제를 보는 것은 그 절실함이 다를 수밖에 없다.

하지만 그런 식으로 볼 수는 있다 해도, 이런 견해가 이식에 찬성할 수 없는 사람에게 압력을 가한다는 점은 분명하다. 나는 부모가 자녀에게, 자녀가 부모에게 장기를 이식하는 것이 '미담'으로 여겨져서는 안 된다고 생각한다. 같은 상황에 놓인 사람에게 왜 부모인데 장기를 제공하지 않느냐는 압력이 가해질 수 있기 때문이다.

어머니는 자신을 희생하더라도 자식을 위해서 뭐든지 한다는 생각도 고정관념일 뿐이다. 모성애라는 감정이 본능적으로 존재한다고 생각하는 사람도 있겠지만, 어머니라고 해서 무조건 자식에게 장기 이식을 하고 싶어 할 리는 없다. 또 아이는 어머니의 '분신'이 아니다. 어머니니까 당연히 자식에게 신장을 이식해 줘야 하는 것도 아니다.

이는 모든 부모자식 관계에서도 마찬가지며, 도덕이라는 명목 아래 이야기되는 일들이 반드시 옳은 게 아님을 보여 준다. 수술을 망설이는 부모를 비판하는 사람은 그 당사자가 아니다. 이식을 독촉하는 가족도 그 당사자가 아니다. 오로지 장기를 제공할 수 있는 사람만이 적출 수술을 받을지 말지를 결정할 수 있다. 다른 사람이 수술을 받으라고 권하거나 수술을 받지 말라고 말려서는 안 되는 것이다.

정치적·전략적인 도덕 강요

어머니는 모름지기 이래야 한다, 아버지라면 이래야 한다는 말은 도덕을 명분으로 내세운 압력이 될 수 있다. 그러므로 이상적인 부모상을 강요해 행동을 규제하는 말은 아닌지 우선 생각해 봐야 한다. 여기서 말하는 도덕이란 그것이 옳은지 아닌지 철저히 검토되지 않고, 듣기는 좋으며 반론하기 어려운 상식적인 사고에 지나지 않는다. 현대 사회에서는 그러한 도덕을 이용하는 사람이 많다는 게 문제이다.

예를 들어 재해가 발생했을 때는 누가 말하지 않아도 스스로 자신의 안전을 지켜야 하고 곤경에 처한 사람이 있으면 서로 도와야 할 것이다. 그런데 이때 정치가가 자조나 공조, 나아가 연대가 중요하다고 말하는 것은 잘못이다. 정치가가 그렇게 강조하는 것은 국가의 역할을 축소시키며 개인에게 책임을 강요하려는 의도이기 때문이다.

부모의 간병을 가족이 맡아야 한다거나 부모가 육아를 해야 한다고 주장하는 정치가도 마찬가지다. 아이를 어린이집에 맡기고 일할 수 있는 사회로 만드는 것이 정치가가 해야 할 일인데도 부모가, 특히 엄마가 아이를 키워야 한다는 식의 이상적인 가족상을 국민에게 강요하려고 한다.

이들은 가족이 국가를 위해 필요하다는 말을 대놓고 할 수 없기 때문에 그 사실을 숨기려고 거짓 도덕을 내세우는 것이다. 마치 전쟁을 벌이기 위해 거짓 정의를 내세우듯이 말이다. 그리고 개중에는 그런 말을 아무런 비판 없이 받아들이는 사람이 있다.

퍼터널리즘에
빠지지 마라

'퍼터널리즘(paternalism)'이라는 말이 있다. '퍼터(pater)'는 '아버지'를 의미하는 라틴어로, 아버지가 자신의 아이를 위한다는 명목하에 아이에게 조언하거나 간섭한다는 데서 나온 말이며, '부권주의'나 '온정주의' 또는 '후견적 간섭주의'로 번역된다. 이를테면 개인, 단체, 국가 등이 타자에게 도움이 된다는 이유로 그 타자에게 행하는 간섭 행위나 그러한 사상적 입장, 또는 사고관을 퍼터널리즘이라고 한다.

의료를 예로 들면, 의사가 환자를 위해 치료나 수술을 시행하는 것은 분명하다. 하지만 환자 측의 의지와 대립하게 될 경우, 환자의 자기 결정 자유를 침해할 수 있는가, 적어도 그 자유에 제한을 가해도 되는가 하는 것이 퍼터널리즘과 관련해서 문제가 되는 부분이다(정치 면에서 보자면, 국민이 시정을 따르도록 하면 되고 그 도리를 국민이 알게 할 필요는 없다는 논리다). 그래서 퍼터널리즘과 대비되어 사용되는 용어가 '사전동의(informed consent, 의사의 충분한 설명과 그에 대한 환자의 동의)'이다.

그런데 의사에게 자신의 병에 관해 설명을 들을 때, 환자는 의사가 하는 말을 충분히 이해하기 어려운 경우가 많다. 사전에 준비할 수 있다면 어느 정도 병에 관해 조사해 보겠지만 자신의 병이든 가족의 병이든, 병은 갑자기 찾아오기 때문에 아무런 준비도 하지 못한 채 의사로부터 병에 대한 설명을 듣는 게 대부분이다.

이럴 때 어떤 환자들은 의사의 이야기를 이해하는 것을 처음부터 포기한 채 의사에게 일임해 버린다. 의사의 설명은 이해하기 힘들다고 애초에 단념하는 것이다. 오늘날엔 의학 지식이 보급되고 인터넷에서 정보를 검색하기가 수월해지면서 의사를 절대적인 권위자로 보는 경향이 줄었을지도 모르지만, 그래도 의사의 진료 결과에 아무런 의견도 제시하지 못하고 의사의 말을 전적으로 받아들이는 사람들은 여전히 많다.

문제는 의료 과실이 발생할 수 있다는 점이다. 사람이 병에 걸리고 그 결과 죽게 되더라도, 병도 죽음도 그 자체는 자연스러운 과정이다. 그러므로 가족을 병으로 잃으면 당장은 그 죽음을 받아들이지 못하더라도 마침내는 받아들이게 된다.

하지만 의료 과실은 결코 자연스럽게 일어나는 현상이 아니다. 의사가 최선을 다해 치료했는데도 환자가 죽게 되었다면 언젠가 가족은 단념할 수 있을지 모른다. 하지만 의료 과실이 일어났을 때는 그렇지 않다. 의사에게 모든 것을 일임했으니 설령 의료 과실이 발생해도 결과를 수용해야 한다는 식으로 생각할 수는 없는 일이다.

의료 과실이 생겼을 때 의사를 배려할 필요는 없다. 아주 옛날에는 수술을 받기 전에 집도의에게 돈을 건네야 하는 건 아닐지 고민하는 일도 있었다. 당시에도 올곧은 의사라면 돈을 받았을 리 없다. 그리고 환자가 잘 부탁한다는 뜻으로 돈을 건네지 않아서 수술을 성심껏 하지 않고 그 결과 수술에 성공하지 못했다면 의사로서의 평판이 떨어질 것은 자명한 일이다.

의사의 판단이라고 해서 의사의 치료 방침을 잠자코 수용하는 일이 오늘날에도 있다면, 이제는 바꿔야 한다. 의료 과실은 인위적인 것이다. 의사에게 모든 것을 맡기지 않고 병이나 치료법에 관해서 조사했다면 의료 과실을 막았을지도 모른다.

물론 환자나 가족이 의사의 설명을 바로 이해하기는 힘들 수 있다. 하지만 의료 과실이 발생해 재판이 열릴 경우, 환자의 가족은 병이나 치료법에 관해 놀랄 정도로 깊이 공부해서 재판에 임한다. 그만한 열의가 있다면 왜 수술 전에는 그렇게 하지 않았는지 담당 변호사가 아쉬워하는 경우도 있다고 한다. 이런 일들을 생각할 때, 불분명한 점이 있으면 확실히 물어봐야 한다. 이해하지 못하고서도 그냥 둔다면 나중에 후회하게 된다. 이는 분명 본인과 가족만의 문제가 아니다. 의료 관계자가 자신의 치료 방침에 참견하지 못하게 한다거나 충분히 설명하지 않는 일이 벌어져서는 안 된다.

무의미한 규칙에
익숙해지는 사람들

나는 오랫동안 간호과가 있는 전문고등학교에서 학생들을 가르쳤다. 어느 해 첫 수업이 있던 날, 교실에 들어갔을 때 평소와 다른 분위기를 느꼈다. 이 학교는 5년제였는데 4학년이 되면 사복을 입고 학교에 다닐 수 있게 허용되었다. 4학년은 고교를 졸업하고 대학에 들어간 학생과 같은 나이다. 그 나이의 대학생이 교복을 입는 일은 드물었다.

그런데 그날 내가 교실에 들어갔을 때 학생들이 모두 양복을 입고 있었다. 그 모습을 보고 왜 양복을 입고 있는지 물으니 교칙이 바뀌었다고 한다.

한 학생이 이렇게 말했다. "복장이 흐트러지면 마음도 흐트러지니까요." 자신의 생각에서 우러나온 말 같지는 않았다. 적어도 스스로 느껴서 말했다고 여겨지지는 않았다. 교사가 해 준 말을 그대로 따라 한 것 같았다.

과연 복장이 흐트러지면 마음도 흐트러질까. 사복이 흐트러진 복장인 걸까. 그런 논리로 생각한다면, 사복으로 출퇴근하는 세상 사람들 대부분은 마음이 흐트러져 있다는 말이 된다. 아무도 그런 의문을 품지 않는 것인지, 나는 오히려 그 점이 의아했다. 나중에 들은 바로는 교칙 개혁에 반대한 학생도 있었다고 한다. 양복을 입고 등교하려니 사람들이 취업준비생으로 여겨서 싫다며, 내게 와서 하소연한 학생도 있었다. 하지만 학교 방침이 바뀌지는 않았다.

그렇다면 양복을 입도록 강요받아도 왜 학생들은 아무런 저항도 하지 않고 순순히 따랐던 것일까? 학생들은 교칙에 얽매여 있었다. 일주일에 한 번 출강하던 이 학교에서는 한 달에 한 번씩 교문 앞에서 복장 검사를 실시했는데, 학생들은 아무 말 없이 검사를 받았다.

어느 학교든지 교칙은 있지만 대부분의 교칙은 의미가 없다. 분명 처음에는 필요해서 제정되었겠지만, 나중에는 어떤 필요성에 의해 제정되었는지 알 수 없게 되어 버린 경우가 많다. 교칙을 비롯한 규칙은 본래 공동체를 유지하고 운영하기 위해 정해지기 마련이지만, 시간이 지나면 본래의 목적이 잊히는 일이 많은 것이다.

어쨌거나 대부분의 교칙은 생활 지도의 의미가 없어 보인다. 복도를 걸을 때는 벽에서 30센티 떨어지라든가, 복도 끝을 돌아갈 때는 직각으로 돌아서 걸으라든가, 또 연애는 성적이 30등 이내인 학생들에게만 허용한다는 교칙이 있다는 이야기도 들었다.

내가 봤을 때 교칙의 목적은 다른 데 있다. 단적으로 말하면 학생을 지배하고 억압하기 위해서다. 물론 모든 규칙이 불합리하지는 않겠지만, 불합리하거나 본래 지켜질 수 없는, 혹은 지켜야 할 필요가 없는 규칙인데도 그 규칙이 지켜지고 있는 상황이 오히려 문제다. 학교 측에서 보면 설령 불합리한 규칙이라도 그것을 지키는 학생은 안전한 존재이지만 반대로 규칙을 따르지 않는 학생은 경계해야 한다. 이러한 학생도 포함해, 불합리한 규칙일지라도 그것을 강요한다면 머지않아 학생들은 무의미함에 익숙해질 것이고 그러는 동안 스스로 생각하는 힘을 빼앗기게 된다. 스스로 생각하지 않는 학생을 제어하기는 참으로 쉬운 일이다.

잠자코
따르지 마라

SNS를 금지하는 학교가 있다. 나는 그 규칙을 성실하게 따르는 학생이 있다는 데 놀랐다. SNS를 금지해야 할 합리적인 이유가 있는 것일까. 학교는 그 이유를 학생들에게 제대로 설명하고 있는 것일까. 학생은 그 금지 사유를 납득할 수 없다면 학교에 문의해야 한다. 학생이 이해할 수 있는 이유가 없는데 그저 안 되는 건 안 되는 거라고 학생들을 억압하려 드는 것도 문제이지만, 학교에서 금지하니까 SNS를 하지 않는다는 학생들도 문제다.

학생이 학교에서 생활하고 있는 동안에 SNS 접속을 금지하는 합리적인 이유가 있다면 학교 측은 명확히 그 이유를 설명하고 학생들에게 동의를 구해야 한다. SNS에 관해서 규칙을 정한다면 학생이 학교에 있는 동안으로 한정하고 가정에서의 SNS

사용에 관해서는 규칙을 정할 수 없다. 학교 밖에서 SNS를 사용하는 것까지 학교가 규제할 수 없다는 뜻이다. 가게에 온 손님에게 마스크 착용을 요구할 수는 있어도 그 손님이 집에서도 마스크를 착용하도록 요구할 수 없는 것과 마찬가지다. 합리적인 이유가 없다면 규칙이라는 말만으로 학생에게 강요해선 안 된다.

어떤 학교에서는 스마트폰을 학교에 갖고 오면 안 되지만, 피처폰(문자 메시지 전송, 사진 촬영, 음악 재생 등 특정 기능만 가능하도록 개발된 휴대전화-역주)이라면 갖고 와도 된다고 허용하고 있다고 한다. 피처폰으로는 SNS에 접속할 수 없어서일까. 둘 다 소지해서는 안 된다는 학교도 있다. 이 모든 규제가 수업 중에 스마트폰을 보는 일이 생겨서는 안 되기 때문이라고 하는데, 왜 교사가 먼저 스마트폰을 볼 정도로 지루한 수업을 하지 않겠다는 생각을 하지 않는지 의문이다.

어떤 교사가 학생을 몰래 촬영한 일이 생기자, 교사들이 스마트폰을 교무실 밖으로 가지고 나갈 수 없다는 규칙을 만든 학교도 있었다. 이 대응에서 뭐가 잘못되었는지 바로 알 수 있을 것이다. 쉽게 말해, 상류에서 일어난 문제는 아무리 하류에서 대처해 봐야 소용이 없다.

언젠가 한 학생에게 SNS 사용이 금지되어 있는데 정말로 모두 잘 지키고 있는지 물었더니 아무도 지키지 않는다는 대답이 돌아왔다. 나는 그 말을 듣고 안심했다. 규칙에 따르지 않는 것이 좋다는 뜻이 아니다. 다만 도무지 지킬 수 없는 규칙이 있다면, 지키지 않는 사람이 잘못한 게 아니라 지킬 수 없는 규칙에 문제가 있는 것이다. 부적절한 규칙이라면 그 규칙을 지켜야 할 이유가 없다.

내가 다니던 고등학교도 생활 지도가 엄격해서 뒷머리는 손가락을 넣었을 때 머리칼이 잡히지 않을 정도로 짧게 깎아야 한다는 교칙이 있었다. 그 무렵에는 긴 머리가 유행하던 시절이었기에 의문을 제기한 동급생이 있었다. "다른 학교에서는 긴 머리가 허용되는데 왜 우리만 머리를 짧게 깎아야 합니까?" 선생님의 답은 이러했다.

"너희는 인도의 승려와 같다. 지금은 수행 중인 몸이니까. 물론 빡빡 밀라고는 하지 않는다만 수행하고 있는 승려가 검소한 몸차림을 하고 머리를 깎는 것처럼 너희도 단정하게 교복을 입고 머리를 짧게 깎아야 하는 거다. 머리가 길면 공부에 집중할 수가 없지."

그때 선생님의 설명을 듣고 그런가 보다 하고 납득했던 내가 부끄럽다. 당시 우리 학교는 남학교였는데 만약 여학생이 있었더라도 학교에서 머리를 짧게 자르라고 강요했을까. 머리가 긴 여학생이 공부에 집중할 수 없다는 건 확실히 이상하다.

처음 이 규칙을 정한 데는 어떤 계기가 있었을지도 모르지만, 언제부터인가 그 계기는 잊히고 단지 기계적으로 반복되어 '기

이한 관습'이 되고 말았다. 이에 대해 철학자 미키 기요시(三木淸)는 《인생론 노트》에서 "관습이 얼마나 데카당스(decadence, 퇴폐, 쇠퇴, 쇠망을 나타내는 프랑스어-역주)에 빠지기 쉬운지를 보여 준다"라고 지적한 바 있다.

데카당스는 퇴폐라는 의미이지만 미키 기요시는 처음에 지녔던 뜻과 정신을 잊고 '형해화(形骸化)' 된, 즉 형식만 있고 의미가 퇴색된 상황을 가리키고 있다.

우리는 정말로 지켜야만 하는 관습인지를 끊임없이 물어야한다. 이런 상황에 길들여지면 이후에도 계속 아무리 불합리해도 비판 없이 따르게 될 것이다.

중요한 것은
규칙보다 본질

물론 세상에는 지켜야 하는데 지켜지지 않는 규칙도 있다. 지켜지지 않는다고 해서 규칙에 무조건 문제가 있다고는 할 수 없다. 법에 관해 말하자면, 그것을 지키지 않아도 된다는 선택지는 없다. 비유하자면, 좌회전 금지 도로에서 좌회전한 운전자가 경찰에게 제지를 당했을 때 "내 힘으로 이 법규를 바꿔 보이겠어" 하고 말하는 것이나 다름없다.

사실 회사에 소속되어 일하는 사람이 회사의 결정을 따르지 않기는 어렵다. 하지만 육아 휴직을 냈다는 이유로 다른 지점에 발령을 받거나, 아이가 태어난 지 얼마 되지도 않았는데 가족과 떨어져 혼자 다른 지역으로 부임을 해야 한다면, 반드시 회사의 명령에 따라야 하는지 의문이 생긴다. 회사가 직원을 무리하게 다른 지역으로 전근하도록 강요하는 일은 지금까지 자주 있었다. 이럴 때 회사가 명령한 대로 혼자 연고지가 없는 지역으로 갈 수밖에 없는 것인지 생각해 보자. 회사 상황으로 인해 가족이 뿔뿔이 흩어져 살아야만 하는 상황이 정말 필요한 일인지를 진지하게 고민해야 하며, 어쩔 수 없다고 물러나서는 안 된다.

지킬 수 없는 규칙에는
문제가 있다

규칙은 지켜지지 않으면 의미가 없지만, 도저히 지킬 수 없는 규칙이 있다면 앞서도 언급했듯이 사람에게 문제가 있다기보다는 규칙 자체에 문제가 있다고 생각하는 것이 합리적이다.

우선 모르는 사이에 만들어진 규칙은 지킬 수 없다. 규칙이 제정될 때 또는 제정되고 난 후라도 그 규칙은 구성원들에게 철저히 공지 또는 전달되어야 한다. 제정할 때는 당연히 상의하달 식이 되어서는 안 되며, 문제가 있으면 수정과 철회의 여지가 있어야 한다. 헌법을 한 번도 읽은 적이 없을 것 같은 정치가가 헌법을 바꿀 것을 주장하는 경우는 논외로 하자.

대체 어떤 법률을 근거로 결정되었는지 알 수 없는 규칙이 정해질 때가 있다. 그러면서 전례를 답습해서는 안 된다고 정치가가 말한다. 그 '전례'가 법률이라면 당연히 답습해서는 안 될 일이다. 만약 법률에 문제가 있다면 정당한 절차를 밟아 바꿔야 한다. 자의적으로 법률을 바꿀 수 있는 국가는 법치국가라고 말할 수 없다.

다음으로, 지키지 않아도 되는 예외특권 계급이 있는 규칙도 지킬 수 없다. 규칙을 지켜야만 하는 사람과 지키지 않아도 되는 사람이 있는 경우, 지키기를 강요당한 사람이 반발하는 것은 당연하다.

어느 학교에서 시간 강사로 일하던 때였다. 그 학교는 교내에서 금연이었다. 그런데 그날 내빈 자격으로 학교를 방문한 사람이 담배를 피우고 싶다고 하자 학교 직원은 강사 대기실로 그 사람을 안내했다. 그곳이라면 학생이 들어올 일이 없으니 담배를 피워도 아무 문제 없을 거라고 판단했을 것이다. 하지만 그곳에는 내가 있었다. 나를 무시하고 내빈에게 담배를 권해선 안 되는 일이다.

코로나바이러스에 감염되어도 병원에 입원할 수 없는 사람이 많았을 당시, 우선적으로 입원할 수 있는 정치가가 있다면 모두가 불공평함에 분노를 느낄 것이다. 긴급 사태가 선언되어 음식점에서 주류 제공이 금지되는 상황에서, 올림픽 회장에서만 주류 판매를 인정한다고 했을 때 많은 사람이 분노의 목소리를 높인 것도 이 때문이다. 예외를 인정하게 되면 성실하게 규칙을 지켜 온 사람도 더 이상 지키려 하지 않는 게 당연하다.

마지막으로 합리성이 없는 규칙 또한 지킬 수 없다. 앞서도 살펴보았듯이, 규칙은 공동체를 유지하기 위해 만드는 것인데도 그 본래의 목적과는 아무런 관계도 없는 불합리한 규칙이 너무 많다. 물론 규칙이라는 이유만으로 지켜야 한다고 생각하는 사람도 있을 것이다. 이런 이들은 타인이 그 규칙을 지키고 있는지를 감시한다. 한동안은 자숙 경찰(코로나 상황에서 일본 정부는 금지 명령을 내리는 게 아니라 자숙하기를 요청했는데, 이를 위반하는지 감시하는 시민을 일컬어 '자숙 경찰'이라고 칭했다-역주)이라고 불리는 사람들이 타인의 행동을 감시하기도 했다.

규칙이 합리적이라는 사실을 모두가 납득하고 받아들인다면 이러한 강제 행위는 필요 없을 것이다. 영업 금지 규정을 지키지 않는 가게의 이름을 공개하려고 한 자치 단체가 있었다. 휴업하거나 영업시간을 단축하는 것이 얼마나 감염 예방에 효과가 있는 합리적인 규정인지는 차치하고서라도, 대체 무엇을 위해 가게의 이름을 공표하고 혹은 공표하겠다는 협박을 하는 것일까? 이는 단적으로 말해 국민을 분열시키기 위해서다. 국민이 서로 으르렁거리면 국가나 자치 단체에 쏟아져야 할 비판의 화살이 그들을 향하지 않게 된다. 그래서 감염 대책이라는 규칙의 본래 목적이 잊히게 된다.

의미 없는 일에
길들여지지 말 것

북한이 미사일(비행체라고 불리지만)을 빈번하게 발사했을 때, 경보를 울리고 머리를 숙여서 책상 아래로 몸을 숨기는 훈련을 실시한 적이 있다. 실제로 미사일이 날아왔을 때 이렇게 하면 목숨을 건질 수 있을까. 이런 훈련을 해도 의미가 없다는 것은 대부분이 알고 있던 사실이다. 아무것도 하지 않는 것보다는 낫다는 의견도 있었지만 결국 훈련은 없어졌고 미사일이 발사되어도 동요하지 않게 되었다.

이러한 훈련을 하는 데는 목적이 있다. 무의미한 일에 길들이려는 것이다. 무의미한 일을 반복해서 하다 보면 모두가 아무런 의문도 갖지 않게 된다. 정치가나 관료가 하는 거짓말을 계속 듣다 보면 처음에는 놀라고 분노하고 어처구니없어 하지만 어느 사이엔가 아무 생각도 하지 않게 되면서 차츰 길들여진다.

어떤 때든지 왜 이런 일을 해야만 하는지 의문을 가져야 한다. 그에 대해서는 누구나 납득할 수 있는 합리적인 설명을 해야 한다. 도리에 벗어난 일들이 활개를 치고 올바른 일을 행할 수 없게 되어서는 안 된다.

우선 필요한 일은 의심하는 것이다.

동일본대지진(2011년 3월 11일에 일본 동북부 지역에 대규모 지진과 쓰나미가 발생해 많은 사상자가 난 재해-역주) 직후에 계획적으로 실시된 정전은 전쟁 중의 등화관제(적의 야간 공습에 대비하여 일정한 지역에서 등불을 모두 가리거나 끄게 하는 일-역주)가 이런 것이었을까, 하는 생각이 들게 했다. 나중에야 계획 정전은 필요하지 않았다는 사실이 밝혀졌지만 그때는 많은 이들이 원자력발전소 정지로 인해 정말로 충분한 전력이 전송되지 않은 거라고 생각했다. 하지만 실제로는 전력이 부족했던 것이 아니었다.

도쿄올림픽 개최가 결정되고부터 폭염에 어떻게 대처할 것인가가 문제가 되었다. 혹서 속에서 경기 개최가 불가능하다는 것을 대부분 사람들이 뻔히 다 알고 있었는데도, 머리에 쓰는 양산이라든가 물을 뿌리는 방법으로 극복해 보려는 발상이 제시되었다. 그런 식으로는 폭염에 대처할 수 없다. 그런데도 '그것은 의미가 없다' 하고 목소리를 내기 어려운 분위기가 형성되어 있었으니, 그야말로 무서운 일이다.

법과 정의를 위해 위험을 무릅쓴
소크라테스처럼

TV 드라마를 보는데 1950년대에서 1960년대 무렵의 취직 시험 장면이 나왔다. 사장이 직접 시험을 진행했는데 필기시험인데도 책상이 갖춰져 있지 않았다. 이에 한 입사 지원자가 사장에게 격렬히 항의하는 모습이 인상적이었다. 사장의 심기를 건드려 시험에 떨어지면 곤란하다고 생각하는 사람은 절대로 할 수 없는 일이다.

마찬가지로 정부가 하는 말에 아무런 비판도 없이 따르는 것도 문제가 아닐 수 없다. 나라를 사랑하고 안 하고는 별개의 문제다. 당연히 정권과 국가는 다르다. 소크라테스는 누구보다도 조국 아테네를 사랑했다. 하지만 정권의 행위를 비판 없이 무조건 받아들이지는 않았다.

기원전 404년, 아테네가 스파르타에 항복함으로써 27년간 지속되던 펠로폰네소스 전쟁이 끝났다. 그 직후에 반민주파 30

인 정권이 수립되었는데, 이 정권은 스파르타 세력을 배후에 두고, 정권에 반대하는 사람들이나 그럴 만한 의심이 가는 사람들을 차례로 체포해 처형하는 독재정권이 되었다. 정권은 소크라테스를 다른 시민들과 함께 불러내, 살라미스의 레온이라는 아무 죄 없는 사람을 강제 연행하도록 명령했다.

이때 소크라테스는 어떻게 했을까. 다른 네 사람은 살라미스로 가서 레온을 데리고 왔지만 소크라테스는 정권의 부당한 명령에 따르기를 거부하고 집으로 돌아갔다.

"그때 저는 말이 아닌 행동으로, 이렇게 말하는 것이 속되지 않다면, 죽음을 조금도 두려워하지 않고 부정한 일이나 불경스러운 일을 절대로 하지 않는 데에 진정한 관심이 있음을 다시 한번 보여 줬던 것입니다(플라톤,《소크라테스의 변론》)."

소크라테스가 '다시 한번'이라고 말한 것은, 소크라테스가 평의원으로 일하던 때 있었던 일 때문이다. 그는 해전에서 표류자를 구출하지 않았다는 죄목으로 잡혀 온 열 명의 장군을 재판하게 되었는데 집행부 간부 중에서 소크라테스만이 유일하게 이것이 위법이라고 반대표를 던졌다. 그 때문에 그조차 체포되어 사형에 처할 위험을 겪었지만, 소크라테스는 끝까지 자신의 소신을 지켰다.

이 정권은 다음 해 민주파의 무력 저항 때문에 무너졌지만, 만약 바로 무너지지 않았다면 죽임을 당했을 거라고 소크라테스는 말했다. 그리고 훗날 사형 판결을 받은 소크라테스는 탈옥할 수도 있었으나 그대로 사형을 당했다. 이 일은 많은 사람들의 오해를 받곤 하는데, 소크라테스는 국가의 명령이라고 무조건 따른 게 아니다. 정의를 위해서 죽음의 위험을 무릅쓰기를 꺼리지 않았던 것뿐이다. 현대를 사는 우리는 소크라테스와 같은 용기를 지니지는 못하더라도, 소크라테스가 정권이 시키는 대로 따르는 무비판적인 행동을 조국에 대한 충성과 혼동하지 않았다는 사실을 배워야 할 것이다.

위에서 강요하는
질서는 필요 없다

가령 불합리한 규칙이라도 그것이 필요한 까닭은, 첫째로 지금 살펴보았듯이 무의미한 일에 길들여져 순순히 따르는 사람으로 만들고자 하기 때문이다. 그다음으로는, 공동체 안에 질서를 형성하기 위해서다. 하지만 질서는 본래 윗선에서 강요하거나 특정한 형식과 방법에 갇혀서는 안 된다. 또한 질서를 형성하기 위해서 의견이 다른 사람을 배제하는 일이 벌어지는데, 이러한 방법으로 질서가 형성될 거라는 생각은 잘못이다. 그런 의미에서 정치가가 슬로건으로서 통일을 내세우는 것은 문제라고 생각한다. 듣기는 좋은 말이지만, 이견을 인정하지 않고 동조 압력이 강하게 작용하는 공동체가 될 가능성이 크기 때문이다.

비유하자면, 책장에 책을 정리할 때 내용과는 관계없이 책의 크기별로 꽂아 두는 것과 마찬가지다. 공동체 안에 질서를 형성하려는 사람은 다른 의견을 배제하려 한다. 책장에 들어가지 않는 큰 책은 버릴 수밖에 없다. 버리지는 않는다 해도 별도로 다른 곳에 모아서 옮기려 한다.

이러한 방법으로 책장에 책이 가지런히 꽂혀 있다면, 보기는 좋을지 모르지만 일하는 데는 전혀 효율적이지 않다. 마찬가지로 도덕을 외적인 질서를 형성하는 데 사용하려는 사람이 있다. 질서가 필요하지 않다는 말이 아니다. 하지만 스스로 납득해서 지금 필요한 일을 자발적으로 행하는 내적인 질서가 형성되지 않으면 아무런 의미가 없다.

국가가 질서를 가장 필요로 하는 때는 전쟁이다. 미사일이 날아들었을 때 책상 밑으로 몸을 숨기는 훈련을 시키는 것도 국민들 사이에 질서를 형성하기 위해서다.

병에 있어서도 마찬가지다. 우리는 질병과의 전쟁이라는 비유를 들 때가 있다. 한 소설 속 등장인물이 "진짜 전쟁을 일으킬 때 국민의 지지를 수월하게 얻기 위한 준비(이사카 고타로, 《PK》)"라고 말하기도 했는데, 그런 일이 정말로 있을 수 있겠다는 생각이 들었다.

외부에 적이 있다면 강적에 맞서야 하는 국민은 일치단결한다. 국민의 일치단결을 도모하기 위해 전쟁을 하는 것이라고 할수도 있다. 바이러스와의 전쟁 역시 모두 한마음이 되어 바이러스와 싸운다고 한다면, 이 전쟁에서 다른 의견을 내는 사람은 적을 것이다.

이렇게 해서 질서가 형성된다. 질서가 형성된 사회에서는 모두 똑같이 생각하고 똑같이 행동하기를 요구한다. 그렇기에 똑같이 행동하지 않는 사람 혹은 남들이 좋게 생각하지 않을 거라는 걸 알면서도 개의치 않고 진실을 말하는 사람은 미움받고 원망을 들을 것이다. 바로 소크라테스처럼 말이다.

부정한 일에
가담하지 마라

앞서 말했던 것처럼, 상사에게 명령을 받아 부정을 행하거나 스스로 눈치껏 상사를 위해 부정을 저지르는 사람은 그렇게 하는 것이 자신에게 '선'이라고, 다시 말해 자신에게 도움이 된다고 판단했기 때문이다. 왜 이러한 일이 일어나는지를 조금 더 상세

하게 살펴보자.

그런 이들은 상사에게 총애를 받아야 승진할 수 있을 거라고 생각했을 것이고, 실제로 상사에게 승진을 약속받았을 수도 있다.

미키 기요시는 다음과 같이 말했다.

"만약 어느 정도 권력을 쥐고 있는 사람이라면 성공주의자만큼 다루기 쉬운 부류는 없다. 부하를 마음대로 다루는 손쉬운 방법은 그들에게 입신출세의 이데올로기를 불어넣는 것이다(《인생론 노트》)."

이 말은 현대에도 통한다. 요즘 시대도 미키 기요시가 살던 시대와 조금도 달라지지 않았다. 상사가 출세야말로 인생 최대의 성공이라고 강조하면서 승진 이야기를 슬쩍 내비치면 '성공주의자'인 부하는 상사가 말하는 대로 따르게 된다.

넌지시 약속받은 보수나 지위에 혹해서 관료가 무능한 정치가를 위해 거짓말을 하는 모습은 흔히 볼 수 있는 일이다. 거짓말이라고 비난받아도 그렇게 하는 것이 자신에게 득이 된다고 판단하면 뻔히 보이는 거짓말을 서슴지 않는다. 거짓말을 한 게 들킬 경우, 일시적으로는 평판이 떨어져 손해를 보지만 장기적으로 보면 승진할 수 있으니 어느 쪽이 이득일지 저울질을 한다.

그렇게 끝까지 거짓말을 해서 마침내 승진을 했다면 정말로 그것이 선일까. 그렇게까지 해서 승진하고 성공하는 데 가치가 있는지 의문이 들지만, 생계를 인질로 잡혀 있는 부하는 상사를 거역하지 않는다. 상사는 승진을 슬쩍 암시하기만 하는 게 아니다. 그와 동시에, 만약 자신을 따르지 않으면 불이익이 있을 거라고 부하에게 겁을 준다. 그러면 부하는 결국 상사의 말을 거스를 수 없게 된다. 상사의 안색을 살피고 설령 그것이 부정한 일일지라도 상사가 지시하는 일을 할 수밖에 없다고 생각한다.

상사의 강요로 부정한 일에 가담한 데 대해 양심의 가책을 느낀 사람이 스스로 목숨을 끊는 안타까운 일이 있었다. 그런 일이 일어나지 않으려면, 상사가 지시했더라도 부정을 행하는 것이 선이 아니라는 사실을 이해해야 한다. 상사의 지시가 잘못되었을 때 이의를 제기할 수 있는 사회가 되지 않으면 앞으로도 똑같은 일이 되풀이될 수밖에 없다.

동조 압력에
굴하지 마라

개중에는 자신이 하고 싶은 일이라도 그 일을 하지 않는 편이 주위 사람들에게 유용하다고 판단해 전체의 평화를 깨뜨리지 않으려는 사람도 있다.

모두가 같은 행동과 같은 일을 하기를 기대한다. 모두가 하고 있는 일이라면 잘못이 아니라고 여긴다. 하지만 이런 의미에서의 동조 압력에 꺾여서는 안 된다. 그 압력이 정의에 반하는 경우도 분명 있다. 잘못된 일이라도 따라야 한다고 판단해서 다른 사람들이 억지로 따르도록 압력을 가하는 일이 있어서는 안 된다.

할 일을 다 했는데도 먼저 퇴근할 수 없는 직장은 동조 압력이 강한 곳이다. 다른 사람이 아직 일하고 있는데 자신만 먼저 일어날 수는 없는 노릇이라고 생각한다. 이때도 '분위기'가 작용한다.

가뜩이나 일이 많아 야근이 잦은데 거기에 더해 직장 상사가 퇴근할 때까지 매번 있어야 한다면, 귀가가 계속 늦어지는 생활 때문에 과로사하게 될지도 모른다. 그런데도 왜 직장의 동조 압력에 반발하지 못하는 걸까.

동조 압력이 강하면 혼자 다른 행동을 취했다가 비난을 받기 십상이고 그 집단에서 배척하려는 힘이 작용한다. 저서《미움받을 용기》가 드라마로 제작되었을 때 비판하는 사람이 많아 놀랐다. 주인공인 형사는 자신의 판단으로 행동하고 다른 사람에게 굳이 맞추려고 하지 않는다. 참석할 필요가 없다고 판단한 회의는 나가지 않는 모습을 보이는데, 이런 점이 반감을 샀던 모양이다. 협조심이 없다는 이유였다.

이 형사는 유능하고 범인도 잘 검거한다. 아무리 협조성이 뛰어나고 상사 또는 동료와 우호적인 관계를 맺어도 범인을 검거하지 못하면 유능한 형사라고 할 수 없을 것이다. 범인을 검거하기 위해 정말로 필요한 회의라면 참석해야겠지만, 시간 낭비만하는 회의가 얼마나 많은가.

회의에 참석하지 않는 드라마 속 형사를 보고 놀란 사람이 많았던 것 같지만, 자신의 신념에 따라 행동하는 사람을 부러워하는 사람도 있을 게 분명하다. 회의에 참석하고 싶지 않아도 실제로 불참하기는 현실적으로 어렵기 때문이다. 드라마에서는 상사가 "자네가 부럽네" 하고 말하는 장면이 있었다. 제멋대로라는 둥 자기중심적이라는 둥 비난하는 사람들도 사실은 그 형사처럼 해 보고 싶지만 그렇게 할 수 없는 자신이 한심스러운 것일 수도 있다.

좋은 사람으로 보이고 싶다는
생각을 버려라

회의에 불참하거나 일이 끝나면 바로 퇴근하는 사람은 직장에서 고립되기 쉽다. 그러니 동조 압력에 굽히는 것은 모두에게 좋은 사람으로 보이고 싶어서다. 적어도 모두와 다른 행동을 해서 협조심이 없다는 악평을 듣고 싶지 않기 때문이다.

책 출간 이후 '미움받을 용기'라는 말만 널리 알려진 것 같은데, 원래 남에게 미움받기를 아무렇지도 않게 생각하는 사람은 더 이상 미움받을 용기가 필요하지 않다. 자신의 언행이 다른 사람에게 어떻게 받아들여질지를 항상 의식하는 사람은 적어도 고의로 남을 상처입히는 말이나 행동을 하지 않을 것이다. 그러나 진정 다른 사람의 마음을 헤아려 배려하는 사람이라면 필요 이상으로 자신의 언행이 어떻게 비칠지를 신경 쓰지 않고 자신이 하고 싶은 말을 한다.

남들이 어떻게 생각할지를 신경 쓰는 사람은 그저 남들에게 잘 보이고 싶어서 누구에게나 친절하고 상냥하게 대하는 것이다. 입장이 상반되는 사람에게도 충성을 맹세한다. 그러다 보면 결국 다른 사람의 신뢰를 잃게 된다.

다른 사람의 신뢰를 잃고 자신의 인생을 살 수 없게 되었다 해도, 그래도 타인에게 맞춘다. 왜냐하면 스스로 결정해서 행동해 실패하게 되면 그 책임을 자신이 질 수밖에 없지만, 누군가가 말하는 대로 해서 잘 되지 않으면 그 책임을 그 사람에게 떠넘길 수 있기 때문이다.

하지만 자신이 누군가의 의견에 따르겠다는 결단을 내렸을 때, 그 결정의 책임은 자신에게 있다. 나중에 "당신 때문에 이런 일을 당했다"라고 탓해 봐야 타인의 인생에 참견한 일 같은 건 그 누구도 기억하지 않는다. "그때 당신이 나한테 이렇게 말하지 않았느냐" 하고 따져 봐야 언제까지나 그 일을 기억하고 있는 사람은 자신뿐이다.

타인의 의견에 따라 자기 인생의 중요한 일을 결정하고 그 결과의 책임을 타인에게 전가하는 것은 아무 의미가 없다. 남의 의견에 따라 살아온 인생이 결코 자신이 원한 인생은 아니라고 하더라도, 그 또한 자기 인생이지 타인의 인생이 아니기 때문이다.

기대를 뒤엎는
행동을 할 용기

직장에서 상사에게 촌탁해서는 안 된다. 앞서 살펴보았듯이 상사에게 잘 보여 승진하기를 기대하면서 상사를 대신해 부정을 저지르는 경우, 그 사실이 발각되면 결국 자신이 모든 죄를 뒤집어쓰게 된다. 상사는 자신이 지시하지도 않았는데 부하가 멋대로 문서를 위조한 것이라고 해명할지도 모른다.

상사에게 잘 보이려 하는 사람은 상사의 기분을 살펴 촌탁하고 상사가 옳지 않은 일을 명령해도 고민하지 않는다. 하지만 양심이 있는 사람이라면 상사가 부정한 일을 명령했을 때 주저하지 않을 리 없다. 한 번은 상사의 지시에 따랐다 해도 나중에 그 일을 후회하기 마련이다. 부정을 저지르기를 강요당하는 것은 인간의 존엄에 관련된 일이다. 물론 현실적으로 부하가 상사의 명령을 거부하기는 매우 어렵다. 거부했다가는 금세 생활에 지장이 생기고 말 것이다.

그렇다고 해서 부정을 행하는 일이 합리화되지는 않는다. 어떻게 하면 상사의 지시를 단호하게 물리칠 용기를 지닐 수 있을지를 생각해야 한다.

미키 기요시는 이렇게 말했다.

"우리의 삶은 기대라는 토대 위에 성립된다(《인생론 노트》)."

그렇게 말한 후에 또 이렇게 말한다.

"때로는 사람들의 기대를 완전히 뒤엎는 행동을 할 수 있는 용기를 가져야 한다."

우리는 타자의 기대를 만족시키기 위해 살지 않는다. 부하나 상사의 기대를 만족시키지 않아도 된다.

입신출세의 이데올로기에 사로잡힌 부하는 상사에게 등을 돌리려 하지 않을지도 모르지만, 그래도 양심이 있는 사람이라면 상사의 부정을 못 본 척할 수는 없을 것이다. 그렇게 생각하는 사람이 있기를 절실히 바라야 하는 것이 지금의 시대다.

감정은 '사회화'된 것,
지성이야말로 '주관적'

자신이 말하는 대로 행동할 거라고 생각한 부하가 상사의 기대를 저버리면, 상사는 어르고 달래거나 또는 위협하는 등 온갖 수단을 동원해 부하가 마음을 돌리도록 종용할 것이다. 이때 부하는 상사의 기대를 저버릴 용기를 가져야 한다. 하지만 상사의 부당한 지시를 거부해야 한다는 것을 알면서도 그렇게 하지 못하는 경우가 많다.

거기에는 두 가지 이유가 있는데 우선 한 가지는, 감정에 휩쓸리기 때문이다. 상사가 자신의 뜻을 거스르려는 부하의 마음을 돌리려고 회유할 때 어르고 달래거나 협박하는 것은 감정에 호소하는 행동이다. 이에 부하는 거역하지 못한다. 그 까닭은 무엇일까?

미키 기요시는 다음과 같이 설명한다.

"감정은 주관적이고 지성은 객관적이라는 일반적인 견해에는 오류가 있다. 오히려 그 반대의 견해가 진리에 더 가깝다. 감정은 많은 경우 객관적인 것, 사회화된 것이며 지성이야말로 주관적인 것, 인격화된 것이다(《인생론 노트》)."

감정이 객관적이고 사회화된 것이라니, 이건 무슨 의미일까?

감정이 완전히 주관적인 것이고 개인의 내면에 속한다면 우리는 감정에 호소하거나 부추길 수 없다. 그렇게 할 수 있는 까닭은 감정이 사회화된 외면적인 것이기 때문이다. 주변 사람들이 모두 좋다고 하니까 그에 맞추는 사람도 많고, 남들과 다른 판단을 내려서 혼자 튀는 행동을 하려는 사람은 적다.

한편으로 지성은 감정처럼 부추길 수 없다. 지성은 주관적인 것이며 개인의 인격에 속하기 때문이다. 그래서 인격적, 내면적인 지성을 갖춘 사람은 감정에 호소하는 회유에 흔들리지 않는다. 상사의 부정을 고발하고 그로 인해 고독해진다 해도 그런 상황을 두려워하지 않는다. 부정은 결코 선이 아니고, 자신에게 절대로 이익이 되지 않는다고 판단할 수 있기 때문이다.

미키 기요시는 다음과 같이 말한다.

"진정으로 주관적인 감정은 지성적이다. 고독은 감정이 아니라 지성에 속해야 한다(《인생론 노트》)."

감정이라고 생각했는데 인격적, 내면적인 것이 있다면 그것은 감정이 아니라 지성에 속한다. 여기서 미키 기요시가 말하는 '고독'은 혼자 있으면 외로운, 그런 감정적인 것이 아니다. 자신은 혼자라는 자각을 바탕으로 한 의식을 일컬으며, 그것은 지성에 속한다.

개성을
잃지 마라

———————————— / ————————————

오늘날의 시대는 동조 압력이 강해서 그에 굴하지 않으려는 사람이 적다. 괜히 남들과 다른 행동을 했다가 행여 혼자 고립되는 상황이 벌어질까 두려워서이다. 이런 현상이 생기는 까닭은 '개성'을 갖고 있지 않기 때문이다.

젊은이들은 '인재'로서의 자신을 기업에 어필한다. 인재라는 말은 원래 뛰어난 재능을 지닌 인물을 의미했지만, 오늘날에는 조직을 운영하는 데 필요한 재료 정도의 의미로 바뀌고 말았다. 이는 기업이 '인재'를 채용하려고 할 뿐, 그 누구도 아닌 '바로 이 사람' 개인을 채용하고 싶어 하는 게 아니기 때문이다. 심지어 요즘은 복장과 머리 모양은 물론 화장까지 기업의 취향에 맞추려고 할 정도이다. 예전에 어떤 여행사에서 강연을 한 적이 있었는데, 그날은 마침 입사 시험이 치러지던 날이어서 면접을 보러 온 많은 대학생이 복도에 줄을 서 있었다.

그중엔 민족의상을 입고 시험에 임한 대학생도 있었는데, 그 학생의 복장을 본 여행사 직원은 그녀가 절대로 합격하지 못할 거라고 말했다. 남들과 다른 복장을 해서 눈에 띄려고 하는 사람은 회사에서 절대 채용하지 않는다는 것이었다.

실제로 학생 대부분은 비슷한 디자인과 비슷한 색깔의 정장을 입고 시험을 치렀다. 소위 취준생 정장으로 불리는 단정한 복장을 하고 있는 학생들에게 왜 다른 옷을 입지 않느냐고 물으면 구태여 남들과 다른 행동을 해서 불리한 점수를 받아 합격하지 못하기라도 하면 모든 노력이 수포로 돌아간다고 대답할 것이다.

아무튼 합격하는 것이 우선 과제라고 생각한다. 이렇게까지 해서 채용된 학생이 취직 후에는 상사들이 자신을 어떻게 생각하든 개의치 않고 자유롭게 살아갈까? 그렇지 않다.

이렇듯 개성 없는 사람들로 이루어진 조직에서는 누구나 다른 누군가로 쉽게 대체될 수 있다. 쓸모가 없어지면 바로 버려진다. 그렇기에 더더욱 이러한 조직에서 살아남아 승진하고 싶은 사람은 상사의 지시에 따르고 상사의 마음에 들려고 애쓸 수밖에 없다. 본래 실력이 있어 두각을 나타내는 사람은 회사에서 중요한 인물일 테고 그러한 사람을 채용해야 하지만, 기업의 입장에서는 위협이 될지도 모르는 사람이 아닌, 쉽게 다른 사람으로 대체할 수 있는 '인재'를 채용하는 것이다. 대학교에서 아무것도 배우지 않아도 좋으며 입사하고 난 뒤 회사가 다 가르치면 된다고 말하는 경영자도 있을 정도다.

내가 나로
있기 위해서

―――――――――――― / ――――――――――――

개성을 없애기 위해서는 질서가 필요하다. 앞에서도 언급했지만, 질서를 특히 필요로 하는 때는 전쟁이다. 거꾸로 말하면, 평화로운 시기에는 질서가 필요하지 않다. 이때 말하는 질서는 모두가 똑같이 행동함을 의미한다. 정부가 질서의 필요성을 강조하기 시작할 때는 국민들이 스스로 생각하지 않고 정부의 지시대로 따르도록 만들려는 의도가 있는 것이다.

군대는 입신출세를 목표로 하는 조직의 전형이다. 전쟁을 위해서라면 그 조직에 속해 있는 한 사람 한 사람의 개성이나 행복은 상관없다. 물론 생명도 관계없다. 전쟁에서 죽으면 대체할 누군가를 보충하면 그만이다.

그런 시대에는 개인의 행복이 말살된다. 정치가 국민을 위해 이루어져야 하는 것은 당연한데도, 그 당연한 일을 일부러 언급하는 정치가는 그럴 마음이 없는 것이다.

오늘날 학교 교육을 봐도 교복 착용을 강요하고 생활 지도를 엄격히 하는 것은 학생들에게서 개성을 빼앗기 위해서다. 사복으로 등교했다고 해서, 굳이 생활 지도를 하지 않는다고 해서, 학교가 혼란스러울 일은 없다. 학교는 기본적으로 배움의 장소다. 예비교(일본의 대학입시 전문 교육기관으로 고교생이나 재수생이 다닌다-역주)에서 생활 지도를 실시한다면 다니려고 할 사람은 별로 없을 것이다.

독일의 문호 괴테는 말한다.

"자신을 잃지 않으면 어떤 생활도 고통스럽지 않다. 자신이 자신으로 있을 수 있다면 그 무엇을 잃어도 아깝지 않다(《서동시집 West-östlicher Divan》)."

괴테는 또한 다음과 같은 말도 남겼다.

"무언가가 되기 위해 누군가를 지배하는 일도 복종하는 일도 필요 없는 사람만이 진정으로 행복하고 위대하다(《괴츠 폰 베를리힝겐 Götz von Berlichingen》)."

자신이 하고 있는 일 또는 자신에게 가치가 있다고 생각하는 일을 스스로 결정해서 하는 것이 진정으로 자립해 있다는 의미다.

미키 기요시는 말한다.

"행복은 인격이다. 외투를 벗어던지듯이 언제라도 기꺼이 다른 행복을 벗어던질 수 있는 사람이 가장 행복한 사람이다. 하지만 진정한 행복은, 그것을 결코 버리지 않으며 버릴 수도 없다. 자신의 행복은 그 생명과 마찬가지로 그 자신과 하나다. 이 행복을 안고 그는 온갖 역경과 싸우는 것이다. 행복을 무기로 싸우는 자만이 쓰러져도 여전히 행복하다(《인생론 노트》)."

간혹 외투로 감싸 지키지 않으면 살아갈 수 없다고 생각하는 사람이 있다. 하지만 설령 모든 것을 잃더라도, 자신이 자신이고 다른 누군가로도 대신할 수 없는 자신이라면 어떤 일이 일어나도 싸울 수 있다.

니힐리즘에
빠지지 마라

음식이 맛있는가 맛이 없는가, 또는 매운가 맵지 않은가 하는 판단은 사람마다 어떻게 판단하든 그다지 큰 문제가 되지 않는다. 같은 음식이라도 맛있다고 하는 사람이 있는가 하면 그렇지 않은 사람도 있을 뿐이며, 그 판단이 옳은가 아닌가는 별 의미가 없다. 이러한 가치 상대화 논의는 고대 그리스 시대에도 있었다. 소피스트(sophist, '지혜로운 자'라는 뜻으로 기원전 5~4세기 그리스에서 보수를 받고 부유층 자제들에게 변론술 등을 가르쳤던 철학자이자 교사들을 가리킨다-역주)를 대표하는 프로타고라스는 "인간은 만물의 척도"라고 말했다.

하지만 음식이 건강에 좋은가 나쁜가, 유해한가 무해한가 하는 주제로 옮겨 가면 개개인이 자신의 주관으로 결정할 수 없다.

다시 말해 "나는 이 음식이 건강에 좋다고 생각해" 하고 말해도 의미가 없다. 건강에 좋다고 생각했지만 실제로는 건강에 좋지 않을 수도 있으며, 이런 일은 주관적인 판단으로 결정할 수 없다.

"그 누구도 악을 원하는 사람은 없다"라는 소크라테스의 역설에 관해서, 이 명제에서 사용되는 '악'이나 그 반대인 '선'에 도덕적인 의미는 없으며 선악은 '이해(利害)'라는 의미, 즉 '이익이 된다'와 '이익이 되지 않는다'는 의미라는 사실은 앞에서도 언급한 바 있다. 이때 이 선악은 주관으로 결정할 수 없다. 선도 악도 인간이 알지 못할 뿐이며 절대적인 선악이 없는 것은 아니다.

플라톤이 철인정치론을 주장한 것은 민주주의가 허무주의 또는 아나키즘(anarchism, 일체의 정치 권력이나 공적인 강제의 필요성을 부정하고 개인의 자유를 최상의 가치로 내세우려는 사상-역주)에 빠질 위험이 있다는 사실을 간파했기 때문이다. 플라톤은 가치의 상대화와 허무주의에 반대했다.

미키 기요시는 다음과 같이 말했다.

"만약 독재를 원하지 않는다면 허무주의를 극복하고 내부부터 새로 일으켜 세워야 한다. 그런데 오늘날 일본의 수많은 지식 계층은 독재를 극단적으로 싫어하면서도 그 자신은 도저히 니힐리즘에서 탈출하지 못하고 있다(《인생론 노트》)."

이래서는 독재자가 생각하는 대로 되고 말 것이다. 이미 확고한 가치관이 자리 잡고 있을 때는 새로운 가치관을 주입하기 어렵지만, 허무주의자에게 어떠한 가치관을 심는 것은 수월하기 때문이다.

절대적 진리를
사색하라

————————————— / —————————————

어릴 때부터 입시 공부에 전념하고 공부를 위해서 다른 모든 것을 희생해가며 일류 대학교에 합격한 학생은 시험에 합격하는 데 필요한 지식을 많이 갖추고 있어 주어진 물음에 즉시 대답할 수 있을지 모른다. 하지만 스스로 물음을 만들고 그에 답하는 일은 별로 해 본 적이 없다. 심지어 그러한 물음 가운데는 정답이 없는 것도 있다.

어떤 일이든 생각하는 데는 시간이 필요하다. 하지만 시험에서 시간을 들여 생각하다가는 마지막 문제까지 답을 쓰지 못한다. 시험 볼 때의 요령이나 테크닉에 능숙한 학생은 대학교에 합격하고, 시간을 들여 천천히 생각하는 학생은 합격하지 못한다. 천천히 생각하는 학생의 능력은 시험으로는 측정할 수 없다.

옴진리교 사건(일본 신흥종교단체인 옴진리교가 1988년부터 1995년까지 일으킨 40여 건의 사건-역주) 중에서, 고학력 젊은이가 교주의 지시에 따라 살인을 저지른 일이 있었다. 당시 나는 그들이 왜 그런 일을 했는지 이해할 수 없었지만, 돌이켜 보면 스스로 생각하는 힘과 의심하는 습관을 기르지 못한 젊은이들이 강렬한 개성을 지닌 교주에게 아주 손쉽게 세뇌당했던 것으로 추측된다.

절대적인 가치가 없는 것은 아니다. 다만 그것을 알기는 쉽지 않다. 아들러가 "우리는 절대적 진리를 타고나지 않는다《삶의 과학》"라고 한 것은, 절대적인 진리가 없다는 말이 아니다. 절대적 진리를 알기가 쉽지 않다는 뜻이다.

자신이 옳다고 생각하는 것이 틀렸을 수도 있다. 그렇게 생각할 수 있으려면 자신이 아무것도 모르는 게 아닐까 하고 의심할 줄 알아야 한다. 알고 있다고 생각하지 않는 편이 오히려 진리에 가까이 다가갈 수 있다.

종교단체가 아니더라도, 일반기업에서도 신입 사원을 세뇌하기도 한다. 앞서 말했듯이, 대학교에서는 아무것도 배우지 않아도 된다, 우리가 하나부터 열까지 다 가르쳐 주겠다는 식으로 말하는 회사도 있다. 회사는 젊은이들이 스스로 생각하기를 원치 않는 것이다.

또한 정치가들도 국민이 아무것도 생각하지 않게끔 만들고 싶어 한다. 그런데 정치가를 정치가로서의 역량으로 판단하려하지 않고 외모나 취미로 판단하려는 사람이 많다. 그런 정보밖에 보도하지 않는 매스컴도 문제지만 그런 방송을 즐겨 보는 쪽도 문제다. 악정(惡政)인데도 지지율이 줄어들지 않는 것은 생각하지 않는 사람이 많기 때문이다.

제한된 정보로
올바르게 판단할 수 있는 능력

상대주의, 나아가서 허무주의를 극복하려면 생각하고 의심하는 습관을 그만둬서는 안 된다. 아무것도 생각하지 않게 되면 어쩌다 보고 들은 정보가 전부 진짜라고 믿는다. 오늘날 같은 시대라면 SNS에서 발견한 메시지를 읽을 때(본다고 해야 옳을지도 모른다) 정보원을 확인하지 않은 채 쓰여 있는 내용이 정말인지 아닌지 조금도 의심하지 않고 '좋아요'를 누르거나 공유한다. 그래서 잘못된 정보가 확산되는 것이다. 나중에 잘못된 정보를 정정하려고 해도 한 번 확산된 잘못된 정보가 계속해서 퍼지는 것을 막을 수가 없다.

자신이 진지하게 생각하지 않고 누군가가 말한 내용을 아무런 비판 없이 받아들이면 자신은 스스로 아무것도 판단할 수 없게 된다. 스스로 생각하려고 하지 않는 사람이 늘어나는 현상은 정치가들에게는 아주 고마운 일이다. 그런 사람들에게는 정치가가 자신들에게 유리한 사고를 주입하기가 수월하기 때문이다.

현대 시대의 한층 더 심각한 문제는 세상에서 일어나는 일이 제대로 보도되지 않는다는 사실이다. 정확히 보도된다면 생각할 능력이 있는 사람은 그 보도를 토대로 올바르게 판단할 수 있지만, 정치가에게 불리한 일이 보도되지 않으면 올바르게 판단하기가 어려워진다. 정치가가 보도에 압력을 가하는 경우도 있고 미디어가 정치가에게 촌탁해서 보도하지 않는 경우도 있다. 하지만 아무리 그렇다 하더라도, 제대로 생각하는 능력을 갖추고 있으면 정보가 적더라도 올바르게 판단할 수 있다. 대학생 시절에 과외를 한 적이 있었는데 어느 해 내가 가르치던 고등학생이 생각난다. 그 학생은 영어를 잘하지 못했지만 장문 독해 문제에서 본문의 내용과 일치하는 항목에는 오(O)를, 그렇지 않은 항목에는 엑스(X)를 치는 문제를 잘 풀었다. 영문 내용을 세세한 데까지 이해하지 못했지만, 여기에는 이런 내용이 쓰여 있을 것이고 반대로 이런 내용이 쓰여 있을 리는 없다는 판단을 할 수 있었던 것이다. 정보가 적으면 정확한 판단을 내리기 어렵지만, 정보가 얼마 없다고 해서 올바른 판단을 할 수 없는 건 아니다.

세 살짜리 내 손자는 어른들의 이야기를 주의 깊게 듣는다. 어른들의 대화에서 자신이 알고 있는 단어를 골라 내 이야기를 이해하려고 한다. 그리고 놀랍게도 대개 정확하게 이해하고 있다. 모르겠으면 "지금 무슨 얘기 하고 있어?" 하고 묻는다. 직접 자신에게 하는 말이 아니더라도 귀를 쫑긋 기울인다. 이런 경험을 반복하는 동안에 어휘력이 늘고 점점 대화를 이해하게 된다.

중요한 것은 우선 지금 일어난 일에 관심을 갖는 자세이다. 일어난 일은 모두 그 어떤 식으로든 자신과 관계가 있다고 생각해야 진정한 관심을 가질 수 있다.

조작된 정보로
올바르게 판단할 수 있는 능력

다음으로, 바뀐 정보로도 올바르게 판단할 수 있는 능력을 갖추는 일이 필요하다. 평론가이자 의학박사인 가토 슈이치(加藤周一)는 자신의 저서《양의 노래》에서 언어학자 간다 다테오(神田盾夫) 교수의 라틴어 강독에 출석한 경험을 이야기한 바 있다.

군사교련과 학도동원 시대에 라틴어 모음의 장단에 관심을 가진 학생은 적었다. 대학 구내에서도 고향의 거리에서도 국민복 이외의 복장을 거의 볼 수 없을 정도였는데, 간다 교수는 영국제 양복 차림으로 교실에 나타났다. 사람들 눈에는 도발적으로 보였을 것이다. 그 복장으로 기차를 타고 대학교로 출퇴근했다.

1944년 6월 연합군의 노르망디 상륙 소식이 전해진 날, 교수는 수업이 끝나고 돌아갈 준비를 하면서 거의 혼잣말처럼 중얼거렸다.

"이제 적도 아군도 힘들겠군."

그리곤 교실 문 앞까지 가더니 갑자기 멈춰서서 학생들을 돌아보며 이렇게 말했다.

"적이라는 것은 물론, 독일을 말하는 거라네."

그 순간 놀란 얼굴로 바라보던 학생들이 제정신이 들었을 때 간다 교수의 모습은 이미 그곳에 없었다.

이 시대는 정보가 한정되어 있었을 뿐만 아니라 편향된 정보가 전해지곤 했다. 그런 가운데서도 간다 교수처럼 적확한 판단을 하던 사람은 있었던 것이다.

생활인으로서의 실감

정보가 적어도 올바른 판단을 할 수 있다는 것은 다음 사례에서도 알 수 있다. 아래는 철학자 쓰루미 슌스케(鶴見俊輔)가 아사히 신문 칼럼에서 시인이자 국어학자인 도키 젠마로(土岐善麿)의 시를 인용하며 풀어낸 내용을 요약한 것이다.

"당신은 이길 거라고 생각하시었소 하고 늙은 아내가 쓸쓸하게 말한다(시집《하초 夏草》)."

이 구절은 1945년 8월 15일, 집에서 생긴 일을 시로 읊은 한 수이다. 도키 젠마로는 메이지 시대(1868~1912)부터 다이쇼 시대(1912~1926)에 걸쳐서 전쟁에 반대했지만, 쇼와 시대(1926~1989)로 들어서고부터는 결국 신문인으로서 전쟁을 옹호하는 연설을 했다. 그러는 동안 바깥 활동 없이 살림만 하며 요리를 준비하던 아내가 부족한 식재료에서 다른 현상을 인식했다고 쓰루미는 말한다. 아내는 매일 음식을 만들어야 했으므로, 식재료를 구하기가 점점 힘들어지는 일이 전쟁과 관계 있음을 느낀다. 자세히는 알지 못해도 언론 보도와 달리 일본이 계속해서 지고 있다고 판단한 것이다.

쓰루미는 이에 대해 이렇게도 설명한다.

"패전하던 날 밤, 식사할 기력조차 잃은 남자가 많았다. 하지만 저녁을 준비하지 않은 여성이 있었을까. 여느 날과 마찬가지로 여성은 식사를 준비했다. 이 무언의 자세 속에 평화 운동의 뿌리가 있다."

즉 생활 속에 뿌리를 내리고 있는 사람이라면 전쟁에 이의를 주장할 수밖에 없었다는 것이다. 삶에 깊숙이 들어가 뿌리를 내릴수록 적은 정보로도 올바른 판단을 내리기가 수월해진다.

'당하는' 측의 당사자로서
생각하라

게다가 우리는 '하는' 측이 아니라 '당하는' 측에서 생각할 수 있어야 한다. 어떤 일에 관해 생각할 때도 자신은 안전권에 두고 평론가처럼 생각하는 사람이 있다. 소비세가 오르면 생활이 당장 어려워진다는 것을 알 텐데도 증세는 어쩔 수 없다고 말한다. 평소에 장을 본 적도 없을 정치가가 슈퍼마켓에 들러 "큰 혼란은 없을 것 같습니다" 같은 소리를 한다.

"소비세가 인상돼도 어쩔 수 없지요. 될 수 있는 한 협력하고 싶어요. 재판원(우리나라 국민참여재판의 배심원에 해당한다-역주)으로 선발되면 물론 직장에 휴가를 내고 갈 겁니다. 특정비밀보호법도 국가를 지키기 위해서라면 어쩔 수 없는 일이고요. 가능하면 협력해야죠."

이렇게 말하는 사람은 생활인으로서 상황을 판단하지 못하는 것이다. 지금 자신에게 일어난 일이 강 건너 불구경이며, 남의 일이라고 생각하고 있기 때문에 마치 평론가처럼 일어난 일을 분석하고 논평한다. 그런 일들이 자신에게 닥치면 어떻게 될지 조금도 모르는 것이다.

정치가가 세금을 사적으로 사용하고 있다는 사실은 도저히 용서될 수 없는 일이라고 생각하지만, 그렇다고 자신의 세금이 어떻게 사용되는지 관심을 가져 본 적은 없다. 자신이 직접 장을 보는 사람이 아니기에, 소비세 인상이 생활에 얼마나 큰 영향을 미치는지 실감하지 못한다.

어떤 일이든 객관적으로 생각해야 하지만, 자신을 건너편 강가에 두고 생각하면 잘못된 판단을 내릴 수밖에 없다. 올바른 판단을 하려면 같은 입장에 서서 생각해야만 한다.

건너편 강가에 자신을 놓아두고 생각하는 사람은 당사자로서 상황을 생각할 수 없다. 소비세가 올라 곤란한 '나'의 시점에서 생각하지 않고 자신이 정치가인 것처럼 오늘날 세상에서 일어나는 일을 바라보는 것이다.

전쟁 중이라면 이런 사람은 어떤 심정일까. 자식의 징병을 기뻐할까. 개중에는 정말로 명예로운 일이라고 자랑스럽게 생각하거나, 적어도 사람들 앞에서는 기뻐하는 척하는 사람이 있을지 모르지만, 전쟁터에 자식을 내보내는 부모로서는 자식이 징병된 일을 마냥 기뻐할 수 없다. 반드시 살아서 돌아오기를 기원할 것이다.

'하는' 측에 서는 사람은 전쟁에서 사람이 죽는 일쯤은 아무렇지도 않게 여긴다. '한다'는 표현 때문에 오해를 받을 수도 있으나, 전쟁을 '한다'고 결정하는 정치가나 권력자들은 자신이 직접 전쟁에 나갈 생각이 없는 게 대부분이다.

원자력발전소에 관해서도 마찬가지다. 정치가의 시점이 아니라 생활인으로서의 '나'의 시점에서 본다면, 원자력발전소가 경제 발전을 위해 필요하다는 식의 논의에는 동의하지 않을 것이다. 경제를 중시하는 사회는 반드시 약자나 지역을 희생할 수밖에 없다고 생각하기 때문이다. 이는 자신을 안전권에 모셔 두고, 어느 생명을 우선으로 해야 할지를 생각하는 사람의 발상이다.

코로나바이러스도 마찬가지다. 경제가 활발히 돌아가는 것을 우선해야 한다는 사람은 '하는' 측에서 생각하고 있다. 이러한 사람은 경제를 활성화하기 위해서 사람의 목숨이 희생되어도 어쩔 수 없다고 말한다. 하지만 이럴 때의 '사람'에 자신이 포함되어 있는지는 의문이다.

자신과 관계없는 일은 없다

그러나 결코 어떤 일도 자신과는 관계가 없다고 여겨서는 안 된다. 주변 사람들이 일으키는 민폐는 머지않아 자신에게도 닥쳐온다. 이웃에서 개 짖는 소리가 시끄럽게 나는 일이나 마찬가지다. 정치는 자신과 관계가 없다거나 적어도 직접적인 관계가 없다고 생각해 무관심한 사람이 많다. 선거가 실시되어도 자신의 투표는 대세에 영향을 미치지 않는다며 투표하지 않는 사람도 많다.

하지만 겉으로는 자신과 관계없을 것처럼 보여도, 이 세상에서 일어나고 있는 일은 전부 나와 무관하지 않다. 일어나고 있는 일이 불합리하다면 더욱더 그러하다. 아들러는 다음과 같이 말한다.

"분명 이 세상에는 악, 곤경, 편견이 있다. 하지만 그것이 우리의 세계이며 그 이점도 불리한 점도 우리의 것이다《심리학이란 무엇인가》)."

여기서는 악, 곤경, 편견을 거론하고 있다. 이들은 본래 존재하지 않는 게 아니라 분명 존재하며, 이들 또한 우리의 것이라고 아들러는 말하고 있다.

아들러는 이런 말도 했다.

"중국 어딘가에서 아이들이 맞고 있을 때, 우리는 비난받아야 한다. 이 세계에서 우리와 관계가 없는 일은 하나도 없다. 나는 항상 이 세계를 바꾸기 위해서 무엇을 할 수 있는지를 생각하고 있다《필리스 보톰 Phyllis Bottom》)."

방관자로 있어서는 안 된다는 뜻이다. '관심'을 뜻하는 영단어 'interest'는 '사이에(inter) 있다(est)'는 의미다. 그 어떤 일도 자신과 무관계가 아니라, 자신과 관계되어 있다고 보는 것이 '관심이 있다'는 말이다.

《유마경》에는 석가모니의 제자인 문수보살이 유마거사에게 문병을 하러 가는 장면이 나온다. 문수보살이 어쩌다 병에 걸렸는지를 묻자 유마거사는 이렇게 대답한다.

"모든 중생이 병이 들었으니 나 역시도 병이 든 것이라네."

유마는 다른 사람의 고통을 제쳐 두고 자신만 행복해질 수는 없다고 생각했다.

다른 사람의 괴로움이 자신과 관계가 없다고 생각하는 것과 그렇지 않은 것은 큰 차이가 있다.

남의 신발을 신어 보라

일어난 일을 제삼자의 시선으로가 아니라 당사자로서 생각하려면 어떻게 해야 할까.

우선 타자가 자신과 똑같이 생각하고 느끼지 않는다는 사실을 알아야 한다. 따라서 타자를 반드시 이해할 수 있다고 생각해선 안 된다. 자신이 생각하는 대로 상대도 똑같이 생각한다고 믿어 의심치 않는 사람이 있다. 그런 사람과 교류하는 것은 상당히 골치 아픈 일이다. 나는 그런 식으로 생각하지 않는다고 말해 봐도, 그렇게 생각하고 있을 거라는 대답이 돌아오기 때문이다. 이러한 사람이 자신의 착각이나 잘못된 신념을 깨닫기는 어렵다.

하지만 이는 나 역시 마찬가지다. 나 또한 상대가 어떻게 느끼고 어떻게 생각하고 있는지 이해하지 못하고 있을지도 모른다. 자신의 사고방식, 느낌, 관점이 반드시 절대적이지는 않다는 사실을 알아야 한다.

다음으로 '공감'할 줄 알아야 한다. 이것은 상대의 입장에 자신을 대입시켜 생각해 보는 일이다. 말만 들으면 왠지 알 것 같은 기분이 들지도 모르지만, 상대의 입장에 서서 생각하기란 말처럼 쉽지만은 않다. 아들러는 "상대의 눈으로 보고 상대의 귀로 듣고 상대의 마음으로 느껴야 한다(《삶의 과학》)"고 강조한다. 상대를 보려면 자신의 눈으로 볼 수밖에 없으므로 상대의 눈으로 보는 것은 본래 불가능하다. 듣는 경우도 마찬가지다. 그럼에도 아들러가 이렇게 말하는 것은 자신의 눈으로 보면, 즉 자신의 입장에서 상대를 보면 대개 잘못 이해하기가 쉽기 때문이다.

아들러는 '동일시'라는 말도 사용한다. 상대의 입장에 자신을 놓고 자신을 상대와 '동일시'하려는 노력을 하면 상대를 조금 더 이해할 수 있다.

아들러는 유리창을 닦는 사람이 자칫 발을 헛디딜 뻔할 때, 그 모습을 보고 있는 자신도 그 사람과 똑같이 느낄 것이라고 말한다. 남의 이야기를 들을 때는 자신을 상대의 입장에 두지 않으면 이해할 수 없다. 또한 많은 청중을 앞에 두고 연설하고 있는 사람이 이야기하던 도중에 갑자기 더 이상 진행하지 못하고 말이 막히면, 연설을 듣고 있던 사람들은 자신이 그런 부끄러운 일을 당한 것처럼 느낄 것이라고 설명한다(《교육 현장에서의 개인 심리학 Individualpsychologie in der Schule》).

영어에는 'Put yourself in someone's shoes(누군가의 신발을 신어 보라)'는 표현이 있다. 최근 몇 년 사이에 태풍이 많이 발생해 대피해야 하는 경우가 자주 발생했는데, 이 와중에 노숙자들이 피난소에서 쫓겨난 일이 있었다. 아마도 피난소 담당자가 다른 대피자나 시설에서 일하는 사람들이 노숙자를 받아들이고 싶어 하지 않을 거라고 짐작하고 그들을 쫓아 내기로 판단한 것이 아닐까 싶다.

분명히 노숙자를 받으면 반대하는 사람이 있을지 모른다. 하지만 모두가 그렇지는 않을 것이다. 틀림없이 찬성하는 사람도 있었을 것이다. 노숙자를 쫓아 낸 사람이, 남들이 그들을 받아 주지 않을 거라고 생각한 것은 사회에 대한 신뢰를 가지고 있지 않았기 때문이다.

담당자는 피난해 온 사람들이나 피난소에서 일하는 사람들의 신발만 신어 보고 노숙자의 신발은 신어 보지 않았다. 만약 노숙자의 신발도 신어 봤다면 몰아치는 태풍 속으로 쫓겨난 그들이 어떻게 지내게 될지 상상할 수 있었을 것이다. 피난소에 있는 사람들도 노숙자들에게 공감했을 것이다. 자신을 노숙자의 입장에 놓았더라면 호우 속 차디찬 밖에서 지내는 것이 어떤 일인지를 상상하기는 결코 어렵지 않았을 것이다.

하지만 사회에 대한 신뢰가 부족했던 담당자는 피난소에 있는 많은 사람의 생각을 제대로 이해하지 못했다.

맡겨서는
안 된다

상대의 입장에 서서 공감할 수 있으면 세상에서 일어나고 있는 일에도 무관심하게 있을 수 없다. 그런데 관심 갖기를 저지하는 움직임이 있다. 한 정치가의 포스터를 보니 '맡겨 주십시오'라고 쓰여 있던데, 맡겨서 좋은 일은 없다. 물론 이는 정부가 아무것도 하지 않아도 좋다는 의미가 아니다.

전문가의 견해는 존중해야 하지만 뭐든지 맡기는 것은 바람직하지 않다. 퍼터널리즘 문제에 관해 앞에서 살펴보았는데 의료를 예로 들면, 자신의 병이나 치료 방법에 관해서 전문가에게 듣지 않으면 알 수 없다. 그렇기는 하지만 의사가 하는 말이니까 무조건 따르는 것은 옳지 않다.

독일의 시인 라이너 마리아 릴케의 소설(《신의 이야기》)에 이런 이야기가 나온다.

어떤 농부가 혼자 교회를 짓고 있었다. 작업은 지붕을 떠받치는 받침대를 다 짜 넣고 난 뒤에 벽 틀을 만드는 작은 평고대(가늘고 긴 나무판)를 붙이는 데까지 진척되었다. 기묘하게도 농부는 교회 위에서부터 내려와서는 땅에 쌓아 놓은 평고대를 긴 카프탄(튀르키예 사람들이 입는 로브풍의 긴 웃옷-역주)으로 감싸서 한 장씩 날랐다. 농부는 처음부터 끝까지 사다리를 수도 없이 오르락내리락해야만 했다.

이반 황제는 이 모습을 보고 답답해서 이렇게 외쳤다.

"어리석은 자여, 평고대를 한꺼번에 많이 짊어지고 지붕에 오르면 되지 않는가. 그래야 훨씬 수고를 덜 수 있을 테니."

마침 아래로 내려온 농부는 이렇게 대답했다.

"일에 관해서는 제가 맡겨 주셔야 합니다. 누구나 자신의 일은 가장 잘 알고 있으니까요."

이 황제와 농부의 대화에서, 나는 오늘날의 시대도 똑같다는 생각을 한다.

"누구나 자신의 일에 관해서는 가장 잘 알고 있다(Jeder versteht sein Handwerk am besten)"는 말은 "떡은 떡집에서 만든 것이 가장 맛있다(모든 일은 그 분야의 전문가에게 맡기는 것이 가장 좋다는 뜻-역주)"는 일본 속담을 떠올리게 한다.

언젠가 어느 자동차 회사에서 일하는 기술자와 이야기를 나눈 적이 있다.

"자동차에 관해서 저희만큼 알고 있는 사람은 없을 겁니다."

그 말에서 자동차의 모든 것을 다 알고 있다는 자신감을 느낄 수 있었다. 자동차뿐만이 아니라 모든 일에도 전문가가 있다. 당연히 비전문가나 아마추어의 실력은 전문가에 미치지 못한다.

조금 전의 이야기에서 보면, 농부(전문가)가 한 장씩 나무판을 지붕으로 옮긴 것은 다 이유가 있어서다. 하지만 효율성이 가장 중요하다고 생각하는 황제는 농부의 행동을 이해할 수 없었다. 황제는 전문가의 영역에 들어가 참견한 것이다.

연구와 학문은
국익과 격리되어야 한다

전문가밖에 판단할 수 없는 일에 정치가가 나서서 결정하는 일은 요즘 시대에도 일어난다. 코로나바이러스의 감염 방지를 위해 어떻게 대처해야 하는가에 관해서는 본래 전문가밖에 판단할 수 없는 일이었다. 후쿠시마 원자력발전소 사고 때도 전문가가 아니라 정치가가 안전하다고 판단하는 일이 자주 있었다. 전문가의 건의도 자신들에게 유리한 제안은 채택하지만 정부의 생각에 반하는 의견은 무시한다. 물론 전문가가 하는 말이 절대적으로 옳은 것은 아니다. 전문적인 지식이 없어도 논리적으로 생각하면 틀렸다는 것을 알 수는 있다. 그러므로 전문가가 말한다고 해서 아무런 비판 없이 따를 필요는 없지만, 정치가가 전문가의 지식과 견해를 무시하는 것은 그가 병에 걸렸을 때와는 다른 문제다. 병이라면 의사가 제안하는 치료 방침에 따르지 않는다 해도 그 결과가 오직 자신에게만 영향을 미치지만, 정치가가 전문가의 견해를 무시하고 독단적으로 내달리면 국민의 생존이 위협당하는 사태가 벌어진다.

정치가 학문의 자유를 침해하려는 일은 예나 지금이나 일어난다. 실제로 지금도 학문의 자유가 위태로워지고 있다. 국가 정책에 반대하는 학자가 배제되는 식이다. 국가는 연구비를 충분히 지원해야 하지만, 그 연구는 국가에 필요한 연구가 아니라 인류에 필요한 연구여야 한다. 연구가 국익을 위해 이루어지는 것은 잘못된 일이므로 국가의 원조가 자유로운 연구를 방해한다면 국가로부터의 원조를 받아서는 안 되는 것이다.

작가 미우라 시온이 쓴 《배를 엮다》라는 소설에는 〈대도해(大渡海)〉라는 국어사전을 편찬해 나가는 과정이 그려져 있다. 여기에는 국가를 통합하기 위해, 또한 민족 정체성의 하나인 언어를 통일하기 위해서 국가의 위신을 걸고 편찬한 〈옥스퍼드 영어대

사전〉이나 〈강희자전(康熙字典)〉과는 달리, 일본에는 공적 기관
이 주도해 편찬한 국어사전이 하나도 없다는 말이 나온다.

〈언해(言海)〉라는 국어사전은 국어학자 오쓰키 후미히코(大
槻文彦)가 평생에 걸쳐 사적으로 편찬하고 사비로 출간한 것이
다. 오늘날에도 국어사전은 출판사가 펴내고 있다. 소설 속에서
사전을 편찬한 마쓰모토 선생은, 자금이 부족해도 국가가 아니
라 출판사가, 그리고 개인이 사전을 편찬하는 현상에 긍지를 갖
자고 말한다.

"언어는, 언어를 만들어 내는 마음은, 권위나 권력과는 전혀
연관이 없는 자유로운 것입니다. 또한 그래야만 합니다."

이런 일화도 있다. 그리스 철학의 석학인 다나카 미치타로(田
中美知太)는 1943년 이와나미 서점의 어둑어둑한 복도에서 잡지
에 게재될 논문 〈이데아〉의 교정쇄를 보면서 망설이고 있었다.
다나카는 이 논문에서 세상의 모든 것은 결코 이데아로 간주되
어서는 안 되며 현실과 이데아를 엄격히 구별할 필요성을 설파
했는데, 그와 관련해서 군주를 신으로 섬기는 데 비판적인 의견
을 밝혔던 것이다. 이 내용을 삭제해야 할지 그냥 둘지 고민하고
수차례 다시 읽으면서 교정한 끝에 설령 검열에 걸려 추궁받게
되어도 어쩔 수 없는 일이라고 마음을 굳히고 결국은 그대로 싣
기로 했다. 다나카는 당시의 심정을 이렇게 술회했다.

"지금 생각해 보면 이렇게 어려운 논문이 직접검열에 걸릴

일은 없었을 텐데도 당시 정신적으로 절박했던 분위기 속에서는 누군가 다른 사람이 고발하지 않을 거라고 장담할 수 없었다《시대와 나 時代と私》)."

나는 여러 책에 이 다나카의 논문을 인용했는데, 다나카가 두려워한 것처럼 이 논문에서 불경한 의도를 간파하기는, 검열자가 어지간히 그리스 철학에 정통한 사람이 아니고서는 불가능한 일이었을 것이다.

하지만 그 2년 전에 다나카가 쓴 〈사르디스 함락〉은 "미일전쟁(1941년부터 1945년까지 일본과 연합국 사이에 벌어진 전쟁-역주)의 혁혁한 전쟁 성과를 비꼬는 의미가 될 것 같다고 해서《시대와 나 時代と私》)", 출판사가 자체 검열을 실시해 게재가 중단되었다. 그런 시대였다.

무엇보다 일본학술회의의 임명 거부 문제를 봐도 알 수 있는데, '설명할 수 없는 일도 있다'라는 말로 뭐든지 가능하다면, 논문이나 저작이 검열에 걸렸을 때 그 이유를 논리적으로 설명하지 못해도 상관없게 된다. 단지 출판 금지라고 말하면 끝인 것이다. 상황이 이렇게 된다면 과연 어떻게 해야 할까. 이러한 일이 벌어지기 전에 손을 쓸 수 있기를 바랄 뿐이다.

정부가 학문에 개입하고 언론 탄압을 하는 것도 두렵지만, 다나카가 말하듯이 다른 누군가가 고발할지도 모른다는 불안감이 더 무섭다. 지금도 그런 시대다. 어떤 학문에서는 쓸모없다는 명확한 기준을 제시하지 않는 것(물론 이런 일이 있어서는 안 된다)이 모두가 의심을 품는 상황을 만들어 낸다.

프로 정치가가 있는가

한편으로 정치에도 전문가로서 아마추어가 비집고 들어갈 수 없는 영역이 있기 마련이다. 플라톤은 정치도 하나의 기술이며, 다른 특정 기술에 전문적인 지식이 필요한 것과 마찬가지로, 정치가가 되기 위해서도 전문적인 지식이 필요하다고 강조했다. 하지만 플라톤이 살던 시대 역시 누구라도, 즉 특별한 전문적 지식이 없어도 정치가가 될 수 있던 때였다.

일본에서는 세습 의원이 문제가 되는 일이 있는데 정치가에게 요구되는 전문 지식은 '세습'되지 않는다. 유대교의 제사장은 세습제였다. 제사장의 경우는 지식이라기보다도 종교적인 자질이 요구되었지만 그러한 자질은 세습되지 않는다. 세습 의원도 나쁜 점만 있는 게 아니라고 말한 평론가가 있었는데, 그 이유로 든 말이 딱하기 그지없었다. 세습 의원은 대대로 계승된 지반이 있으니까 주말마다 굳이 선거구에 얼굴을 내비치지 않아도 선거에 패배할 염려는 없으니 도쿄에 있으면서 정치 활동을 할 수 있기 때문이라고 말했던 것이다. 정치가에게 필요한 것은 지연이나 혈연 또는 돈이어선 안 된다.

로마 황제 마르쿠스 아우렐리우스는 현제(賢帝)라고 불렸던 유능한 황제였는데, 그가 생애에 범한 유일한 과오는 아들에게 황위를 물려 준 일이라고 한다. 아우렐리우스는 자신의 자식이 있는데 왜 다른 사람에게 황위를 물려 줄 필요가 있느냐고, 그렇게 생각했을지 모르지만, 정말로 국가를 생각했더라면 자신의 아들을 황제 자리에 앉히려고는 하지 않았을 것이다. 자식이 유능하다면 세습해도 좋은가 하는 물음에 대해서는, 그 또한 상당히 어려운 문제지만 말이다.

플라톤은 저서 《국가》에서 소크라테스를 통해 철인(哲人)정치론을 말하고 있다. 정치가 철학을 배우든지, 혹은 철학자가 정치를 행하지 않으면 국가에 불행이 그치지 않을 거라는 사고관이다. 플라톤은 민주주의가 중우정치(衆愚政治, 무지한 대중에 의해 정치가 지배되는 타락한 민주정치-역주)로 전락하면 가장 극단적인 자유에서 가장 야만적인 예속 상태가 성립된다고 생각했고, 실제로 그러한 일을 눈앞에서 보았기에 철인정치론에 도달했던 철학자다.

정치가 전문가의 독점이 아니라 누구나 자유롭게 논할 수 있는 점이 민주주의의 장점이지만, 플라톤이 걱정한 일이 끊임없이 일어날 수 있다는 점을 알아 둬야 한다. 현대 시대는 누구나 전문가인 듯이 정치에 관해 논하는 것이 문제가 아니라, 전문가여야 마땅한 정치가를 전문가라고는 말할 수 없다는 게 문제다. 하다못해 자신이 정치가인데도 사실은 정치에 관해 충분한 지식이 없다는 사실을 알고 있는 편이, 정치에 관해 잘 알고 있다고 생각하는 것보다 훨씬 안전할 정도다. 정치가가 자신은 정치에 관해 뭐든지 알고 있다고 생각하는 것은 큰 문제다.

그뿐만 아니라 정치에 관해 아무것도 알지 못해도 정치가가 될 수 있다고 생각하는 사람이 많아 보인다. 장관이 새로 취임했는데 직무에 필요한 지식을 전혀 갖추고 있지 않다. 게다가 자신이 무지하다는 사실을 조금도 부끄러워하지도 않는다. 실무자가 쓴 메모를 읽어 내리는 것밖에 할 줄 모르는 정치가에게 정치를 맡겨서 잘 될 리가 없다.

누구나 정치가를 지망해도 좋다고 생각하지만, 정치에 관한 지식이 없다면 정치가가 되어서는 안 된다. 실무는 관료에게 맡기면 될지 모르지만 국회에서의 답변을 보고 있으면 전혀 말이 되지 않는 상황이 벌어진다.

물론 전문가도 정치가도 실수할 수 있다. 전문적인 지식이 없으면 이해할 수 없는 일도 많다. 그래도 전문가의 발언이나 정치가가 제의하는 대책에 관해 논리적으로 생각하고 시비를 가려 판단할 수 없는 것은 아니며 발언해서는 안 되는 것도 아니다.

퍼터널리즘 문제를 앞에서 언급했지만, 자신의 병에 관해 의사가 일방적인 치료 방침을 결정하고 환자는 그 결정에 아무런 의견도 내지 못하는 일이 있어서는 안 되는 것과 마찬가지다. 자기 신체에 관한 일이므로 가능한 범위에서 병에 관해 조사하고 의사가 설명할 때 이해가 안 가는 부분이나 납득할 수 없는 일이 있다면 반드시 질문해야 한다.

정치가가 말하지 않아도 스스로 자신을 지킬 수밖에 없다. 앞에서도 살펴봤듯이 자조나 공조를 정치가가 말하는 것은 잘못이지만, 정치가에게 뭐든지 맡기고 그로 인해 불행해졌다고 탓해서는 안 된다.

정치의 지배 투쟁극에
휘말리지 마라

정치가에 관한 또 한 가지 문제점으로 거론하고 싶은 일이 있다.

"통치자가 될 만한 사람들이 권력을 자진해 요구하는 일이 가장 적은 국가야말로 가장 바람직하며, 가장 내부 항쟁이 적은 상태에서 통치할 수 있다(플라톤, 《국가》)."

오늘날 과연 지배 권력을 적극적으로 요구하지 않는 정치가가 있을지 의문이다. 플라톤은 정치가가 철학을 배우든지 혹은 철학자가 정치를 하지 않으면 국가에 불행이 그치지 않는다고 주장했지만, 플라톤의 이상국가에서 철학자는 진리를 관조하고 철학적 삶의 행복을 알고 있기에 철학자가 정치가가 된다는 것은 '어쩔 수 없는 강제'에 의해서다.

"하지만 선한 마음이 결여된 졸렬한 사람들이 선함을 배제해야 한다고 생각해 공공 사업을 벌인다면 좋은 정치를 펼치는 국가를 실현하는 것은 불가능하다. 그러한 경우, 지배의 지위가 투쟁의 표적이 되므로 그러한 자국 내에서의 싸움이 자신들뿐만 아니라 다른 국가까지도 멸망시키기 때문이다(플라톤,《국가》)."

하지만 아쉽게도 이것이 '현재 많은 국가'의 실정이라고 플라톤은 말했다.

철학자이자 서양고전학자인 후지사와 노리오(藤澤令夫)도 다음과 같이 말한다.

"맞습니다. 그리고 이천 수백 년 후인 우리의 '현재' 실정이기도 하지요(후지사와 노리오,《플라톤 철학 プラトンの哲学》)."

코로나바이러스 감염이 확산되는 위기 속에서도 자신의 이익을 탐내는 정치가가 많았다. 국민이 감염 확산을 두려워하고 정부가 말하는 대로 외출과 모임을 자제하고 있는 동안에, 그들은 이 시기에 결정할 필요가 없는 법안을 통과시키려 했다. 이렇게 자신의 이익 말고는 관심이 없는 '도량 좁은' 정치가에게 국가의 조종간을 맡겨서는 안 될 일이다.

침묵은
받아들인다는 의미

오늘날 세상에서 일어나는 일이 비정상이라고 생각하면서도 자신의 목소리를 높이지 않는 일이 있다. 그럴 때 어떻게 하면 좋을지가 줄곧 이어진 나의 고민이었다.

원자력발전소 사고 후 얼마 지나지 않아, 모두 최선을 다하고 있으니 감사할지언정 불평을 해서는 안 된다, 정부를 믿어야 한다고 말하는 사람이 있었다. 지금이야말로 유언비어에 현혹되지 말고 정부가 하는 말을 믿어야 한다는 사람도 있었다. 세월이 지나 코로나바이러스 감염이 확산될 때도 똑같은 말을 하는 사람이 있었다. 정부를 비판하지 말고 국민이 하나가 되어 바이러스와 싸워야 한다는 식이다. 이렇게 소위 위로부터 국민에게 하나가 될 것을 요청받아 형성되는 결속 관계는 거짓일 수밖에 없다.

개인 사이의 관계에서도 필요하면 상대의 잘못을 지적하고 자신이 생각한 것을 확실히 말해야 한다. 이런 말을 하면 상대가 기분 나빠 하지는 않을까 염려되어 하고 싶은 말을 하지 않으면 표면적인 관계는 괜찮을지 모르지만 그러한 관계를 진정한 긍정적인 사이라고 할 수 없다.

부정이 행해진다면 못 본 척해서는 안 된다. 불합리한 일이 있으면 잠자코 받아들여선 안 된다. 아무 말 하지 않는 것은 일어난 일을 받아들이는 것이나 다름없다.

미키 기요시의 말을 빌리자면 직장에서도 사회화된 감정에 지배되어 있으면 부정을 고발하는 행동에 나서기 어렵다.

상사의 말과 행동이 불합리하더라도, 그리고 자신만이 아니라 다른 많은 부하 직원도 똑같이 생각하더라도, 상사에게 당당히 의견을 말하기를 꺼리는 분위기가 있으면 아무 말도 할 수 없게 된다. 분위기가 인위적으로 만들어지는 과정은 이미 살펴보았다.

정치가나 상사에게 개선을 요구해도 계속해서 그에 대해 적당한 대응이 이루어지지 않는다면 어떻게 해도 소용없다고 실망하고 절망하게 된다. 그것이야말로 정치가의 노림수다. 정치가 입장에서는 국민이 아무 말도 하지 않고 유유낙낙 따라오는 것이 편하다. 하지만 아무 말도 하지 않으면 현재 벌어지고 있는 상황을 긍정한다는 의미가 되고 만다.

4

분노를

잊지

마라

,

분노를
억누르지 마라

여기까지 읽은 여러분은 이제 알 것이다. 아무것도 하지 않고 잠자코 있으면 안 된다. 그리고 이때 가만히 있지 말고 어떻게든 해야 한다고 생각할 때 일어나는 감정이 '분노'다.

다만 여기서 말하는 분노는 사적인 분노, 즉 '사분(私憤)'이 아니다. 나는 화를 내서는 안 된다는 말을 오랜 세월 동안 쓰고 말해 왔는데, 그것을 무슨 일이 있어도 화내지 말고 그대로 받아들이는 것이 중요하다는 의미로 해석하는 사람이 많다.

하지만 무언가 문제가 일어났을 때 어쩔 수 없다고 그냥 넘겨서는 안 되는 일이 분명 있다. 카운슬링을 받으러 온 사람이 자신의 신상에 일어난 일에 대해 분노를 느낄 때 그렇게 화내지 않아도 된다고 카운슬러가 조언하는 경우를 생각해 보자. 그렇게 조언하는 목적은 카운슬링을 문제 수습에 사용하려고 하기 때문이다.

예를 들어 학생이 교사의 대응에 분노를 느낀다고 할 경우, 카운슬러는 화를 낼 일이 아니라며 학생을 설득하려 한다. 문제를 크게 만들고 싶지 않은 학교 측으로서는 카운슬러가 이렇게 조언을 해 주는 게 고마운 일이다. 비록 카운슬러가 학교 측의 지시에 의해 움직인 게 아니라고 하더라도, 카운슬러가 학생의 분노 감정이 학교의 대응으로 인해 일어난 감정이라는 데 주목하지 않는다면, 전면적으로 학생 측에 서서 학교에 대항하는 입장을 보이지는 않을 것이다. 즉 카운슬러가 자신의 역할이 문제를 수습하는 데 있다고 이해하고 있으면, 설령 학교와의 이해관계가 없어도 문제 수습 역할을 맡게 된다.

하지만 카운슬링의 목적은 내담자가 느끼는 분노의 감정을 억누르는 것이 아니다.

상사나 교사가 자신에게 하는 행동에 불만을 느끼고 그로 인해 마음앓이를 하는 사람이 있다면, 필요한 일은 상사나 교사의 대응이 적절했는지를 검토하고 그 행위를 개선해 나가는 일이지, 내담자의 분노 감정을 억누르는 일이 아닌 것이다.

근본 문제를 해결하지 않으면 똑같은 일이 되풀이된다

중요한 것은 상류를 깨끗하게 하는 일이다. 하류를 아무리 깨끗하게 해 봐야 상류가 오염된 상태라면 아무 소용이 없다.

문제를 제거할 수 없는 일도 있다. 죽음이 불합리하다고 아무리 한탄해도 죽음 자체를 없던 일로 할 수 없듯이 말이다. 그래도 수차례 살펴보았듯이 죽음 자체가 아니라, 죽음에 관련된 인위적인 문제에 관해서는 할 수 있는 일이 있다. 의료 과실이 발생했을 때, 자신이나 가족에게 그런 일이 일어난 것은 이미 어찌할 도리가 없다고 해도 똑같은 문제가 앞으로 일어나지 않도록 하기 위해 할 수 있는 일은 분명 있을 것이다.

카운슬링의 역할은 내담자가 느끼는 분노가 정당하다는 것을 밝히는 일이지, 그 분노를 억누르는 것이 아니다. 하지만 지금 일어나고 있는 문제를 해결하기 위해 내담자가 느끼고 있는 분노가 문제 해결로 이어질지 아닐지는 생각해 봐야 한다.

분노를
구별하는 방법

어떤 일이 일어났을 때 그것이 불합리하다면 침묵해서는 안 된다. 하지만 잠자코 있지 말고 어떻게든 해야 한다고 느낄 때, 이때 생기는 감정은 사분(私憤)이 아니라 공분(公憤)이다. 사적이고 충동적, 감정적인 분개는 무익하지만 사회 정의에 비춰 잘못된 일은 잘못되었다고 주장해야 하며, 그렇게 해야 한다고 생각하는 사람이 품는 감정은 공분이다.

대인관계에서 사분은 조금도 필요하지 않다. 사분이 어떤 것이며 그 감정을 어떻게 하면 좋을지를 먼저 생각해 보자.

초등학생 때 교실에 앉아 있는데 느닷없이 동급생이 때리려고 달려들었던 적이 있었다. 대체 그때 무슨 일이 있었는지 지금은 잘 기억나지 않는다. 맞았는지 아닌지도 정확하진 않지만, 아무튼 나 역시 화가 나서 팔을 휘둘러 반격하려고 했다. 하지만 내 팔은 상대의 얼굴에 닿지 않아 미수에 그쳤다. 그것은 내가 처음이자 마지막으로 누군가에게 폭력을 휘두르려고 한 경험이었다. 막상 때리지 않았다고는 하나 그 후 나는 내 자신이 무척 부끄러웠다.

그렇지만 아무 이유도 없는데 맞을 뻔했던 것은, 그때는 말로 잘 표현할 수 없었지만, 그 아이가 내 존엄성에 상처를 입혔다고 생각했던 것이 분명하다. 이런 일을 당했을 때 잠자코 있어서는 안 된다는 생각은 지금도 변함없다. 다만, 맞았다고 해서 자신도 때려 갚아 주는 방법이 적절한지 아닌지는 생각해 봐야 한다. 아무 일도 없었던 걸로 하고 분노를 느낄 필요는 없다고 납득한다면 문제를 근본적으로 해결하지 못한다. '나만 참으면 되는구나' 하고 물러서는 사람은 다시 다른 일로 문제에 부딪힐 때도 역시 참을 수밖에 없다.

분노로 이겨도
해결되지 않는다

———————————— / ————————————

분노의 감정은 어떤 목적을 위해 생겨난다. 분노가 사람을 움직이는 게 아니라 분노라는 감정을 사용해 무언가 목적을 달성하려는 것이다. '나도 모르게 욱하고 화가 났다'고 말하는 사람이 있는데, 그렇게 말하는 사람은 자신이 분노의 감정을 만들어 냈음을 인식하지 못하는 것이다.

이들은 꾸짖는 것과 화내는 것이 다르다고 말한다. 그러면서 자신이 감정적으로 굴지 않았다고 생각하지만, 실제로는 화가 나 있는 상태다. 자신이 감정적이 됐다는 사실을 인정하고 싶지 않기 때문에 화를 폭발시켰을 때 "나도 모르게 욱하고 화가 났어"라고 말함으로써 자신을 좋은 사람으로 보이려고 하는 것이다.

큰 소리로 화를 내는 사람은 주변 사람들을 자신이 생각하는 대로 움직이기 위해 화를 내는 것이다. 문제는 화를 내서 문제를 해결하는 방법에 즉효성은 있지만 유효성은 없다는 점이다. 야단맞은 사람은 겁에 질려 그때까지 해 온 일을 멈출지 모르지만, 또다시 같은 일을 한다. 만약 분노하는 것이 문제를 해결하기 위한 방법으로서 유효하다면 한 번 야단맞은 사람은 두 번 다시 같은 일을 하지 않을 것이다.

하지만 얼마 못 가서 또 똑같은 일을 하고 만다. 실제로는 아주 어린 아이가 아닌 이상, 자신이 왜 야단을 맞는지 잘 알고 있기 때문이다. 게다가 야단맞는 형태로라도 주목을 끌고 싶어 하는 게 대부분인데, 이 경우에도 설령 일시적으로 문제가 해결된 것처럼 보여도 같은 문제가 다시 발생한다.

자신이 옳다고 생각하면 설사 감정적이 되지 않아도 상대와의 권력 다툼이 일어난다. 권력 다툼이 되면 문제 해결은 더 어려워진다.

권력 다툼이 되면 문제를 해결하는 것은 이미 중요하지 않게 되며 자신이 옳다고 생각하는 일을 상대가 인정토록 하는 일만 중요해진다. 아들러는 다음과 같이 말한다.

"적이 없으면 분노가 없듯이, 이 정동(情動, 다른 사람에 의해서 객관적으로 관찰 가능한 감정 상태-역주)은 승리를 거두는 것만을 목표로 하고 있다. 우리의 문화에서는 이렇게 큰 움직임에 의해 자신의 뜻을 관철하는 것을 선호하며 또한 가능한 방법이다. 이러한 방법으로 자신의 뜻을 관철할 가능성이 없으면 분노의 폭발은 훨씬 적을 것이다(《아들러의 인간이해》)."

자신의 의지를 관철해 승리를 거두는 일과 문제를 해결하는 일은 별개다. 상대를 이기기 위해서 분노를 사용하는 것이다. 이런 방법이 선호되기는 요즘 시대도 마찬가지이지만 분노를 사용해 이기는 것은 '가능'해도 문제 해결은 되지 않는다.

　문제 해결에 목표를 두고 무엇을 해야 하는지를 말로 설명한다면 분노의 감정은 필요하지 않게 된다. 문제 해결을 목표로 하는 사람은 자신이 틀렸다는 것이 확실해지면 그것을 솔직히 인정할 수 있을 것이며 잘못을 인정했다고 해서 자신이 졌다고는 생각하지 않는다.

　분노의 감정이 일어날 때 대인관계는 수직 구조이다. 분노의 감정은 자신이 위에 있고 상대가 아래라는 것을 확실히 하는 데 사용되므로, 가령 상대가 하는 말이 옳더라도 인정하면 지는 것이 되고 만다.

　또한 주변 사람들이 그 분노의 감정을 사용하는 사람을 따르는 것처럼 보여도 정말로 납득해서 따르는 것은 아니므로 반발할 기회를 노릴 것이다.

분노는 사람과 사람을
갈라놓는 열등감

분노에는 두 가지 문제가 있다. 우선 그것이 열등감이라는 사실이다.

"자신의 의지를 관철할 다른 가능성을 단념했거나, 더욱 정확히 말하면 그렇게 하기 위한 다른 가능성이 있다는 것을 믿지 않는 사람만이 가지는 강화된 움직임이다《아들러의 인간이해》."

그런 사람은 다른 방법을 알지 못한다. 말을 사용해 설명하는 것은 분노 같은 즉효성이 없다. 그러므로 분노의 감정을 사용하는 사람은 자신에게 시간을 들여 논리적으로 설명할 능력이 없다고 생각하는 것이며 이는 곧 열등감이다. 화를 내는 것은 이 열등감을 감추고 싶기 때문이다.

물론 분노를 사용하지 않더라도 자신의 뜻을 억지로 밀어붙이는 것은 잘못이다.

다음으로, 분노는 '사람과 사람을 갈라놓는 정동(情動)'이라는 사실이다《아들러의 인간이해》. 화를 내면 사람과 사람 사이에 심리적인 거리감이 생긴다. 분노에 즉효성은 있어도 유효성이 없는 까닭은, 야단맞은 사람은 자신을 꾸짖은 사람을 가깝게 느낄 수 없기 때문이다.

아이에게는 부모의 도움이 필요한데 꾸짖음으로써 부모와 자녀의 심리적인 거리를 멀찌감치 떼어 놓고 나서 도움을 주려고 한다는 점이 부모들이 자주 범하는 실수다. 부모와 자녀 사이에 심리적 거리가 있으면 아이는 부모가 말하는 것이 옳더라도 그 말을 듣지 않게 된다. 부모가 하는 말을 들으면 지는 거라고 생각하기 때문이다.

아이의 성적이 부진하다면 아이가 스스로 해결하는 수밖에 없으며 부모가 할 수 있는 일은 아무것도 없지만, 본래 아이가 자신이 해결해야 하는 일이라도 부모의 도움이 필요할 때가 있다. 하지만 부모와 자녀 사이에 심리적인 거리가 있으면 부모가 아이를 도와주려고 해도 아이가 거부한다. 이런 성적으로 어떡할 거냐고 윽박지르며 야단치면 아이는 부모가 하는 말에 귀를 기울이려 들지 않을 것이다.

게다가 아이의 문제가 아니라 부모와 자녀 사이에 뭔가 문제가 일어났을 때는 부모와 자녀가 서로 대화하면서 마음을 합쳐 해결해야 하는데, 협력 관계를 맺지 못할망정 아이에게 화를 내서 자녀와의 거리를 더 멀어지게 하면 문제 해결은 절망적으로 치닫는다. 아이는 부모에게 일방적으로 질책을 당했다고 느끼기 때문이다. 설령 분노의 감정이 생기지 않더라도 자신이 옳다고 생각하는 한, 상대와의 거리는 좁혀지지 않는다. 공부의 예로 말하자면, 부모는 아이가 공부를 해야 한다면서 성적이 부진한 아이를 자꾸 야단치지만, 아이는 부모가 말하지 않아도 자신이 공부를 해야 한다고 생각하고 있기 때문에 부모가 아무리 이성적으로 공부하라고 일러도 반발할 뿐이다.

공분 :
지성적인 분노

정의에 비추어 잘못된 일은 잘못되었다고 주장해야 한다. 그때 필요한 것은 감정적인 사분이 아니라 지성적인 공분이다.

　이는 인간의 존엄, 인격의 독립성, 그리고 올바른 가치가 위협당하고 침해당할 때 느끼는 분노다. 직장이나 조직에서 지위를 이용한 갑질이나 성희롱, 인권이 위협당하는 경우가 이에 해당한다. 법치국가임이 분명한데도 정치가가 인치국가(人治国家, 법률이 존재하는 국가인데도 그 시대의 정권이나 권력자가 법을 초월해 판단을 내리는 상태의 국가-역주)를 추구할 때에도 그 사실에 분노를 느껴야 한다.

　미키 기요시는 이것을 '명예심에서 나오는 분노'라고 이름 붙였는데(《인생론 노트》), 이 분노는 감정이라기보다는 지성이다. 그것은 단지 자신의 명예와 이익을 지키기 위한 것만이 아니다. 근본적으로 이 분노에는 정의감이 있다. 자신의 명예를 위해서만이 아니라, 같은 입장에 놓인 모든 사람이 분노를 느껴야 한다고 생각하는 것이다.

　"정의감이 항상 밖으로 드러나는 것은 공적인 장소를 원하기 때문이다. 정의감은 무엇보다도 공분이다(미키 기요시, 《정의감에 관하여 正義感について》)."

어떤 일을 잘못이라고 생각해도(그렇게 생각하는 것이 공분을 갖는 일이다), 그것을 밖으로 드러내지 못하면 의미가 없다. 하지만 그렇게 하기가 말처럼 쉽지 않다는 것은 지금까지 살펴본 대로다. 어떻게 하면 좋을지 조금 더 생각해 보자.

지성적인 분노는
전파된다

미키 기요시는 '유행'에 관해서 다음과 같이 말했다.

"습관이 자연적인 데 반해 유행은 지성적이라고 할 수 있다(《인생론 노트》)."

여기서 미키가 말하는 유행은 새로운 것을 배우는 일이다.

예를 들어, 직장 내 갑질 행위에 항의의 목소리를 내는 것은 '지성적인 분노'라고 할 수 있다.

옛날에는 직장에서 상사가 부하를 야단치는 일이 아주 당연한 듯이 이루어졌다. 상사가 부하의 실수를 지적하고 지도하는 것이 아니라, 일방적으로 호통을 치거나 엎드려 빌도록 시키기까지 했다.

오늘날에는 이러한 일이 세상에 공공연하게 알려지면, 특히 직장 내 갑질 행위인 경우 사회적으로 비난을 받게 되는데, 지금도 갑질 행위는 인정하지 않더라도 언성을 높여 지도하는 정도는 필요하다고 생각하는 사람이 있다. 옛날 자신이 젊었을 때는 상사에게 호되게 야단을 맞았지만 그 덕에 성장했다고 말하는 사람도 있다. 어떤 스모(일본식 씨름-역주) 선수가 스모 등급의 하나인 오제키(大関)로 승급했을 때, 오늘의 자신이 있는 것은 죽도로 내리치며 단련시켜 준 지도 사범의 덕분이라고 소감을 밝힌 적이 있다.

하지만 그 사범은 모른다. 다른 동기 선수는 그러한 지도를 받다가 용기를 잃고 일찌감치 은퇴했다는 것을. 명예로운 자리에 오른 선수는 원래 능력이 있었기에 죽도로 얻어맞고 심한 말을 듣고도 실력을 향상시킬 수 있었던 것뿐, 만약 능력이 없었다면 얼마 못 가 스모를 포기했을지도 모른다. 반대로 적절한 지도를 받았다면 더 빨리 실력을 발휘했을 것이다.

어떤 스포츠 코치는 선수에게 미움을 받더라도 할 말은 해야 한다며, 갑질이라고밖에 볼 수 없는 폭언을 쏟아내며 지도했다. 선수들이 그런 일을 당하면서도 항의하지 않은 것은 코치를 따르면서 연습하면 좋은 결과를 낼 수 있다고 믿기 때문이다. 그래서 코치의 난폭한 행위를 감수하고 받아들였던 것이다.

하지만 좋은 결과를 내기만 한다면 코치가 어떤 행위를 해도 용서되는 것일까. 물론 그렇지 않다. 인간의 존엄을 상처입히는 일에는 단연코 항의해야 한다.

직위를 이용한 갑질을 해서는 안 된다는 사고방식은 전통적인 관습이 아니었다. 하지만 갑질이라는 말이 유행하면서 그것이 해서는 안 되는 행동이라는 인식도 널리 퍼졌다. 이러한 분위기가 상사는 부하를 심한 말로 야단쳐도 된다는 관습을 타파했다.

직장 외의 인간관계에서도 유행이 관습을 바꿀 수 있다. 전근이나 단신 부임도 문제가 되기 시작했다. 아이가 갓 태어났거나 새로 집을 지어 입주한 시점에 전근을 명령받는 것은 비정상적인 처사다.

미키 기요시가 말하는 지성적인 유행은 자연발생적인 것이 아니라 누군가가 비정상이 아닌가 하고 당당하게 목소리를 냄으로써 시작되는 것이다.

고독을
두려워하지 마라

———————— / ————————

고독을 두려워하는 사람은 다수의 생각에 휩쓸리지 않고 타자의 기대에 반해 행동하려는 용기가 없다. 다른 사람이 모두 아무 말 없이 상사를 따르는데 자신만 다른 행동을 하면 혼자 고독해지는 게 아닐까 두려운 것이다. 모두가 기대하고 있는 행사에 자신만 참가하지 않겠다고 하면 상사에게 찍힐 것 같고 동료들에게 소외당하지는 않을까 두렵다.

오늘은 빨리 업무를 마치고 일찍 퇴근하고 싶어도 다른 사람이 아직 일하고 있으면 좀처럼 먼저 일어나겠다는 말을 꺼낼 수 없는 경우도 있다.

상사가 부하에게 불합리한 요구를 하거나 상사의 언동이 부정한 일이라는 사실이 드러났을 때도, 개선을 요구하면 직장에서 자신의 입지가 곤란해져 혼자 고립될 거라는 생각에 두려워 잠자코 있다.

이러한 의미에서 고독해지는 것이 두렵다. 만약 자신이 나서서 의견을 말하면 직장의 평화로운 분위기를 깰 수도 있다고 생각해 입을 다물고 마는 것이다. 하지만 자신의 목소리를 냈을 때 실제로 어떻게 될지는 아무도 모른다.

거짓의 관계를
타파한다

어떠한 공동체이든 모두가 아무런 의문도 품지 않고 같은 생각을 공유하면 그 공동체에는 일체감과 연대감이 생겨날지도 모른다. 아이가 부모에게 반항하지 않고 부모에게 이상적으로 순종하면 부모 자식 사이에 갈등이 생기는 일 없이 관계가 안정된다.

하지만 표면상으로 모두 사이가 좋은 공동체는 가짜 관계일 수밖에 없다. 때로는 이 관계가 인위적으로 만들어지기도 한다. 다른 국가에 대해서든 바이러스에 대해서든 증오를 부추김으로써 국민들 사이에 일체감을 만들어 낸다. 지진 등의 재해가 발생한 후에 국민이 한마음이 되어 국난을 극복해야 한다고 외치는 정치가가 대표적이다. 스포츠 역시 같은 목적을 위해 사용된다. 정치가들은 국위 선양을 위해 올림픽을 이용한다.

미치 기요시는 《알려지지 않은 철학 語られざる哲学》에서 예수의 말을 인용했다.

"내가 이 땅에 평화를 주러 온 줄로 생각하지 마라. 평화가 아니라 오히려 검을 주러 왔노라. 내가 온 것은 사람들이 그 아버지와, 딸이 그 어머니와, 시어머니가 그 며느리와 맞서게 하려고 함이니."

이는 〈마태복음〉에서 인용된 말이다. '평화'가 아니라 '검'을 주려고, 부모 자식과 고부 간을 맞서게 하려고 이 땅에 왔다니 이얼마나 심한 말인가.

자식이 아무런 의문도 없이 부모를 따르면 표면적으로는 아무런 문제도 없는 좋은 부모 자식 관계로 보인다. 하지만 자녀가 부모에게, 부모가 자식에게 어떻게 생각될지를 신경 쓰느라 해야 할 말이 있어도 하지 못한다면 겉으로 좋은 관계가 구축되어 있는 듯이 보여도 이 부모 자식은 진정으로 좋은 관계를 맺고 있다고 할 수 없다.

반대로 자녀가 부모의 눈치를 살피지 않고 자신의 생각을 솔직하게 말한다면 관계가 삐걱거릴지도 모른다. 이것이 바로 예수가 말하는 '검을 주는' 일이며 부모와 자식의 관계가 '맞선다'는 의미이다.

표면적으로 아무리 사이가 좋더라도 진정한 유대관계를 맺으려면 이러한 과정을 거쳐야 한다.

부모 자식 관계뿐만이 아니라 공동체 속에서 단 한 사람이라도 그것이 잘못된 거라고 생각하는 사람이 있다면 그 사람이 검을 던진 공동체는 일체감과 연대감을 잃는다. 하지만 고독이 두려워 잠자코 있으면 직장 내의 악도 사회의 악도 만연하게 된다.

이것은 사회화된 감정에 의해 움직이고 있는 것이다. 그래서그 자리의 분위기에 좌우되지 않는 신념이 필요하다.

"고독은 감정이 아니라 지성에 속해야 한다(《인생론 노트》)."

앞서도 살펴보았듯이, 지성은 감정처럼 부추길 수 없다. 지성은 개인의 인격에 속하기 때문이다.

설령 혼자만 주위 사람들과 생각이 다르더라도 사회화된 감정에 의해 움직이지 말고 자신의 인격, 지성, 내면의 독립을 지키며 고독을 참고 견뎌야 한다.

"모든 인간의 악은 고독하게 있을 수 없다는 데서 생겨난다 《인생론 노트》)."

또한 진심으로 화를 내는 일에 관해서 미키 기요시는 다음과 같이 말했다.

"고독이 무엇인지를 아는 자만이 진정으로 분노할 줄 안다 《인생론 노트》)."

고독을 두려워하는 사람은 직장에서 부정한 일이 벌어지고 있는 것을 알고도 지적하지 않는다. 괜한 짓을 했다가 직장에서 고립될 것이 두렵기 때문이다.

상사의 부정을 밝히려고 하면 직장의 평화를 깨뜨린다고 비난받을지도 모르고 부정을 고발하면 아무도 지지해 주지 않을 수도 있다. 자신의 안위를 위해 부정을 보고도 못 본 척하거나 부정에 가담한다면 고독해지지는 않겠지만, 진정으로 분노하기 위해 고독해져야만 한다.

이러한 의미에서 고독은, 앞에서도 언급했듯이 사람들에게 주목받고 싶은데 주목받지 못한다는 고독감이나 혼자 있을 때 느끼는 외로움과는 엄연히 다르다. 다분히 감상적이고, 때로는 미키 기요시의 말을 빌리자면 '미적인 유혹'과 '정취'가 있는 고독이 아니다. 미키 기요시가 말하듯이 "고독의 보다 높은 윤리적 의의에 도달하는 것이 문제다(《인생론 노트》)."

고독해질 용기가
타자와의 유대를 이룬다

진정한 분노는 감정이라기보다 오히려 지성에 속한다. 설사 자신을 지지하는 사람이 하나도 없어서 고독해졌다고 해도, 그렇게 고독해지는 데 '윤리적 의의'가 있다고 지적으로 이해할 수 있는 사람이라면 고독을 두려워할 필요가 없다.

모두가 아무 말도 하지 않으면 표면적으로는 풍파가 일지 않을지도 모르지만, 직장에서도 가족과 마찬가지로 진정한 관계를 맺으려면, 그러한 관계에 영향을 미칠 수 있도록 문제를 제기해야 한다.

자기 안위를 위해 부정을 눈감아 줌으로써 승진을 꿈꾸는 사람은 자신의 일밖에는 관심이 없으며 그러한 사람은 결국 신뢰를 잃을 것이다. 자기 안위를 위해 부정을 못 본 척 눈 감는 행위를 지지하는 사람도 개중에는 있을지 모르지만, 모든 사람이 지지한다고는 생각할 수 없다.

사람은 이러한 상황에서 정말로 고독해지는 것일까.

공동체를 위해 자신에게 불이익이 될 것을 예상하면서도 해야 할 말을 하고 할 일을 할 수 있는 사람을 봤을 때, 분명 자신은 할 수 없지만 그렇기에 더욱 진심으로 지지하는 사람도 있을 것이다. 본인 생각만 하는 사람은 신뢰하기가 어렵다. 사람과 사람이 이어져 있는 것이 '동료(Mitmenschen)'라는 의미지만 그 누구도 처음부터 그렇게 생각하는 것은 아니다.

어쩌면 상사나 직장의 부정부패를 고발하려고 할 때, 지지는커녕 상사에게 일러바치는 사람이 있을지도 모른다. 앞서 소개한 다나카 미치타로가 검열을 두려워했을 뿐만 아니라 누군가가 고발할까 봐 두려워했다는 일화에서처럼 말이다.

의심이 많은 사람들은 타자를 '적'으로 보고 아무도 신뢰하지 못한다. 그렇게 생각한 사람은 고독해질 용기를 가질 수 없다. 그럼에도 이 단계를 거쳐 자신을 지지하는 사람이 있을지도 모른다고 생각하게 됐을 때, 우리는 비로소 타자와 이어질 수 있다.

동료를
신뢰할 것

미키 기요시는 다음과 같이 말했다.

"아우구스티누스는, 식물은 인간이 바라봐 주길 원하고 있으며 식물에게는 그것이 구원이라고 말했지만, 표현하는 것은 사물을 구원하는 일이며 사물을 구원함으로써 자신을 구원할 수 있다(《인생론 노트》)."

남몰래 꽃이 피어 있는 것을 보면, 만약 내가 여기서 발길을 멈추고 꽃을 알아차리지 못했다면 아무도 모르게 지고 말았을지도 모른다는 생각이 든다.

여기서 미키 기요시는 식물과의 이야기를 하고 있지만, 이는 말하지 않는, 혹은 말할 수 없는 사람을 식물에 비유하고 있는 것으로 이해할 수 있다. '말하지 않는, 혹은 말할 수 없는 사람'이라고 썼다고 생각하고 미키 기요시의 말을 읽으면, 과거에 괴롭힘을 당해 자신의 존엄을 짓밟히고 지금은 살아 있지 못하기에 목소리를 낼 수 없는 사람들이 떠오른다. 미키 기요시 또한 치안유지법 위반 혐의로 체포되어 전쟁이 끝난 직후 옥사했다. 미키가 더 오래 살았더라면 하고 싶었던 말이 더 많았을 것이다.

목소리를 내야 하는데도 그렇게 할 수 없는 사람을 대신해 목소리를 높이는 일, 그것은 자신을 구원하는 일이다. 사회의 부조리나 직장의 부정부패에 스스로 목소리를 낸다. 혹은 스스로 그렇게 할 수 없는 사람을 대신해서 목소리를 낸다. 그렇게 하는 것은 일시적으로 공동체에 '겁'을 주는 일이지만, 결국은 진정한 결속을 이루는 계기가 된다.

앞서 인용한 부분의 바로 앞에서 미키 기요시는 다음과 같이 말했다.

"사물이 진정 표면적인 개념으로 우리에게 다가오는 것은 고독과 관련해서다. 그리고 우리가 고독을 넘어설 수 있는 것은 그 부름에 응해 스스로 표현 활동을 할 때뿐이다(《인생론 노트》)."

고독을 각오했을 때 비로소 자신의 진정한 목소리를 낼 수 있다. 자신이 당사자가 아니더라도 그 일이 결코 자신과 무관한 일이라고 생각하지 않는다면, 진실을 말하지 못하는 사람을 대신해 목소리를 낼 수 있다.

만약 내가 여기서 말하는 '하고 싶은 말이 있어도 말하지 못하는 사람'이라면 설령 내가 나서서 목소리를 내지 않아도 나를 대신해 진실을 추구할 사람이 있다고 신뢰해야 한다. 반대로 목소리를 내지 못하는 누군가를 대신해 진실을 밝히려고 생각하는 이라면, 다른 사람도 목소리를 낼 거라고 믿을 수 있어야 한다.

고독해질 것을 두려워하지 않으면 오히려 고독해지지 않는다. 진정으로 분노하는 사람은 처음에는 고립된다고 느낄 수는 있어도 고립무원 상태가 계속되지는 않는다. 반드시 지지하는 사람, 연대하는 동료가 있다.

고독의 소중함을 진정으로 이해하는 내 편이 있으면 연대할 수 있다. 이때 거짓이 아닌 진실한 관계가 성립된다. 미키 기요시는 이것을 '사랑'이라는 말로 표현하고 있다.

"고독은 가장 깊은 사랑에 뿌리를 내리고 있다. 여기에 고독의 실재성이 있다(《인생론 노트》)."

재판관이
되지 말 것

타자에게 공감할 수 있는, 즉 타자의 입장에 자신을 놓고 생각할 수 있다면 타자를 함부로 단죄할 수 없다. 예를 들어 어떤 사람이 살해당하는 사건이 일어났을 때 많은 사람이 자신은 결코 그런 일을 하지 않을 거라고 살인을 저지른 사람을 비난한다.

물론 아무리 증오하는 사람이 있다 해도 사람을 죽이거나 하지는 않는다. 하지만 같은 상황에 놓였을 때 자신이라면 어떻게 했을까 하고 살인을 저지른 사람의 입장이 되어 생각해 보면 자신은 살인을 하지 않는다고 단언할 수 없을 것이다.

불교에서는 '분별(分別)'이라는 말을 사용하는데, 자신과 타자를 분별해서는 안 된다고 본다. 부모에게 사랑을 듬뿍 받고 자란 아이가 갑자기 잘못된 행동을 했을 때 "내 자식이라고는 생각할 수 없다"라는 부모의 말을 들은 적이 있다. 이 부모는 자식을 분별한 것이다.

모든 분쟁은 자신과 타자를 분별하는 데서 기인한다. 상대를 그대로 받아들이는 마음, 즉 대비(大悲, 중생의 괴로움을 구제하려는 부처의 큰 자비-역주)가 실현되는 세상을 불교에서는 '정토(淨土)'라고 한다. 물론 이 세계에서 정토를 실현하기는 어렵다.

앞에서도 말했듯이, 사람과 사람(Menschen)은 이어져(mit) 있으며, 대립하고 있지 않다. 사람과 사람은 '동료(Mitmenschen)'라는 의미다. 이 동료는 자신과 똑같은 생각을 하는 사이 좋은 사람뿐만이 아니다. 자신과 생각을 같이하는 사람과 이어지기는 쉽지만 자신과 상반되는 사고를 지닌 사람이나 살인자를 배제하지 않고 동료로 보기는 쉽지 않다.

아들러는 선악을 가리는 재판관이 되려는 사람은 허영심이 있다고 말한다(《아들러의 인간이해》). 그런 사람은 직장이나 사회의 정의에 관심이 있는 게 아니다. 자신이 옳다고 생각함으로써 타자보다 자신이 더 뛰어나다고 생각하고 싶은 것이다.

하지만 자신도 똑같은 상황에 처하면, 과연 부정을 고발할 수 있었을지를 생각해 봐야 한다. 상사의 말에 아무런 저항 없이 따른 사람을 비난하기는 쉽지만, 자신은 같은 상황에서 상사를 거스를 수 있었을까. 어쩌면 나 역시도 아무것도 할 수 없을지 모른다. 그렇게 생각했을 때 사람은 재판관으로서 분별하기를 그만둘 수 있다.

이러한 일은 쉽지 않지만, 이러한 사람까지도 동료에 포함시킨 공동체야말로 '정토'이다. 이렇게 사람과 사람이 이어져야 진정한 관계라고 할 수 있다.

분노는
사람을 결속시킨다

개인적인 분노는 사람과 사람을 갈라놓는다. 하지만 공분은 오히려 사람과 사람을 결속시킨다. 이는 앞서도 살펴보았듯이, 감정이라기보다는 지성이다. 이 지성에 의해 어떻게 하는 것이 선인지, 혹은 악인지를 판단할 수 있다.

공분이 이러한 것이라면 사분을 느꼈을 때와 마찬가지로 분노를 타자에게 터트려 봐야 아무 소용이 없다. 그것은 감정이 아니기 때문에 분출할 수도 없다.

누군가가 잘못된 행동을 했다고 해서 분노를 터뜨리는 사람은 타자를 '분별'한다. 자신은 결코 그런 일을 하지 않는다며, 죄를 저지른 사람보다 자신을 위에 놓는다. 분별은 모든 분쟁의 원인이다. 분쟁은 어느 쪽이 옳은가를 명확히 하는 데 목적이 있지만, 필요한 것은 분쟁이 아닌 문제 해결이다. 그러므로 불합리한 현실을 맞닥뜨렸을 때 해야 할 일은 분노를 타자에게 터뜨리는 것이 아니라 이성적으로 대화하는 일이다.

5

대화가

세상을

바꾼다

대화란
무엇인가

───────────── / ─────────────

마지막으로 이 장에서는 대화에 관해 생각해 보고자 한다. 우리는 부정이 일어나거나 인간의 존엄이 손상되는 일이 벌어졌을 때, 그에 대해 '공분'으로서의 분노로 맞서야 한다. 그런데 이 분노는 감정적인 분노가 아니라 실제로는 언어를 사용해 자신의 뜻을 주장하는 일이다. 게다가 이 과정은 일방적인 호소여서도 안 된다. 자신의 생각을 논리적으로 주장하면서도, 동시에 상대의 주장을 들어야 한다. 즉 서로 이야기를 주고받으며 '대화'를 해야 한다.

문제는 이 대화가 어떤 것인지 이해하지 못하는 데 있다. 언젠가 '대화의 복권(復權)'이라는 주제로 책을 쓰려고 한 적이 있었다. 하지만 복권이라고 말한 이상, 대화가 제대로 이루어지던 때가 있어야 했는데, 지금까지 대화를 함으로써 문제를 해결한 적이 있었을까 하는 편집자의 지적에 이 주제를 반려한 적이 있다.

하지만 대화가 제대로 이루어지던 시대가 없었다고 해도(어느 시대나 전쟁이 끊이지 않았던 것은 이 때문이다) 그 필요성을 호소해 온 철학자는 있었다. 대화를 통하지 않고 힘으로 상대를 억누르는 방법이 주류였다고 해도 체념해 버리면 아무것도 바뀌지 않는다. 설령 실천하기는 어렵더라도 이상적인 문제 해결 방법을 제대로 아는 것은 현실을 바꾸는 한 걸음이 될 수 있다.

대화는 원래 '로고스를 주고받다(dialogos)'라는 의미다. 그리고 로고스(logos)는 '말'이며 '이성'이라는 의미이기도 하다. 사고(思考)도 자신이 자신을 상대로 행하는 토론이며, 그것이 외화(外化, externalization, 지식이나 사고를 글과 말로 표현하는 일. 가시화라고도 한다-역주)된 형태가 대화이다. 내적인 것이든 외적인 것이든 최종적으로 무언가 결론에 달한다. 물론 그렇게 되지 않는 경우도 있지만, 어쨌든 대화는 본래 대립하기 마련이다.

아테네의 정치가이자 군인이었던 알키비아데스(Alkibiádēs)는 이렇게 말했다.

"소크라테스는 자신이 길게 이야기하는 데 익숙하지 않다는 사실을 인정해 프로타고라스에게 양보했습니다. 하지만 묻고 대답하는 대화 능력에 있어 만약 이 분이 누군가에게 조금이라도 양보하는 일이 있다면 나는 놀랄 것입니다(플라톤,《프로타고라스》)."

또한《프로타고라스》에는 '짧은 말로 대화를 나눈다는 저 엄격한 방법'이라는 표현도 있다. 이와 대조적인 것으로는 하나의 질문을 들을 때마다 장황한 말을 늘어놓아 토론의 주제에서 빗나가게 하고, 제대로 대답하지 않아 무슨 주제였는지 잊어버릴 정도로 이야기를 오래도록 끄는 방법이 있다. 아무도 듣지 않

는 얘기를 장황하게 늘어놓고 질문을 얼버무려 넘기는 정치가
의 수법 그대로다. 소크라테스 자신은 상대가 아무리 길게 이야
기해도 그 내용을 잊지 않았으며 누구와도 서로 이야기를 주고
받았다.

플라톤에게 말(로고스)은 본래 대화(디아로고스)이다. 타자와
이야기할 때만이 아니라 마음속에서 이루어지는 자신과의 대화,
즉 사고의 경우는 말하는 사람이 동시에 듣는 사람으로서 대화
하는 것이다. 사고하는 영혼이 자신에게 묻고 그에 답하면서, 때
로는 긍정하거나 부정하면서 대화한다. 그러다 영혼이 분열하지
않고 같은 내용을 주장하게 되었을 때 판단이 내려지는 것이라
고 생각했다(플라톤, 《테아이테토스》). 말은 이렇게 처음부터 대화
로 이루어지며, 대화가 아니면 말이라고 할 수 없다.

말을 이상하게 사용하는
현대 사회

그런데 현대 사회에서는 대화라고 할 수 있는 말을 주고받지 못
하고 있다. 정치가의 발언을 듣고 있으면 사실과 의견이 구별되
지 않는다. 객관적 판단과 자신의 바람이 구별되지 않는 것이다.

코로나 팬데믹 상황에서도 "나는 코로나19 대응에 늦지 않았다고 생각합니다"고 말해야 하는 것을 "코로나 대응에는 전혀 늦지 않았습니다" 하고 단언하거나, 실제로는 개최할 수 있는 명확한 전망이 없는데도 "도쿄올림픽을 반드시 개최하겠습니다" 하는 말을 수차례나 들었다. 소망이나 의견 같은 주관적인 생각을 거침없이 쏟아내고 끝낸다. 애초에 질문에 대답하지 않는다. 대답할 수 없다기보다는 도망치는 것이다. 그러한 일방적인 답변에 대해서, 아무도 지금의 발언이 질문에 대한 답이 되지 않는다고 지적하지 않는다. 처음부터 대화가 성립될 여지가 없는 것이다.

플라톤은, 사고는 영혼이 자신을 상대로 목소리를 내지 않고 행하는 대화라고 말했다(플라톤, 《소피스트》). 플라톤은 소크라테스에게서 그러한 내적 대화를 가시화하고 등장인물 간의 논쟁 형태로 구조화해 대화편이라는 형식을 계승했다고 할 수 있다.

플라톤은 이러한 대화의 존재 방식을 '디알렉티케(dialektike, 변증술)'라고 부르고, 단순한 대화나 연설인 '레토리케(rhetorike, 수사술)'와 구별했다. 그것은 화자가 일방적으로 길게 이야기하며 미사여구로 꾸민 표명이 아니라, 화자들이 서로 '네'와 '아니요'를 확인하면서 한 발 한 발 논의를 거듭해 나가는 방법이다.

이 방법으로 대화를 진행하면 서로 상반되는 입장이더라도 차이점은 실제로 그다지 많지 않으며, 생각이 일치하는 점이 의외로 많다는 사실을 알게 된다. 그래서 동의를 거듭하는 동안에 처음의 입장을 번복해야 하는 경우도 생긴다. 그렇게 되더라도 이 방법을 따르면 처음의 입장을 포기하기도 쉬워진다(플라톤, 《국가》). 지금 우리들이야말로 플라톤이 대화에 대해 했던 말을 이해하고 대화로 문제를 해결해야 할 것이다.

로고스 안에서의
탐구

《파이돈》에서는 감각적 사실 안에서의 탐구와 로고스(언어, 논리) 안에서의 탐구가 대비되어 있다.

"사물을 고찰하는 데 실패한 후에 나는 생각했다네. 일식 때 태양을 관찰하고 연구하는 사람들과 똑같은 일을 겪지 않도록 조심해야 한다고 말이지. 그런 경우 사람은 물 위에 비친 태양의 그림자만 관찰한다거나 다른 간접적인 방법으로 관찰하지 않으면 간혹 시력이 손상되기도 하거든. 뭔가 그런 일을 생각했던 거라네. 말하자면, 육안으로 사물을 직시하거나 각각의 감각으로 직접 인식하려고 하면 내 영혼이 완전히 눈멀게 되는 건 아닐까 하고 두려웠지. 그래서 나는 [직접 보는 게 아니라] 로고스(언어, 논리)로 도망쳐 사물을 그 안에서 고찰해야 한다고 생각한 거라네(플라톤,《파이돈》)."

플라톤은 이렇게 사물을 직접 보지 않고, 로고스 안에서 봐야 한다는 것을 분명히 했다. 눈에 보이는 것이 그대로 진실이 아니기 때문이다. 사물을 직접 감각으로 인식하려고 하면 인상이 너무나 강렬해서 착각하게 된다. 또한 일시적인 감정에 휩쓸리지 않도록 언어로 침착하게 따져 묻고 새겨야 한다.

그런데 이 비유에는 다음과 같은 주의를 요한다.

"필시 나의 이 비유는 어떤 의미에서 적절하지 않을 것이네. 사물의 진상을 로고스 안에서 고찰하는 사람이 사물의 그림자를 보는 것에 가깝다는 데는, 나는 조금도 동의하지 않기 때문이지(플라톤,《파이돈》)."

사물은 직접 볼 수 있으면 충분하고, 보이는 대로 존재한다고 생각하는 사람들도 많다. 로고스의 틀 안에서 보는 것은 쓸데없는 일이고 위의 인용문에서 나온 말을 빌리자면 '사물의 그림자'를 보는 일이므로, 그림자가 아니라 직접 보면 좋지 않을까 하고 생각한다.

이렇게 생각하는 사람들은 용기나 미에 관해서 '그것은 무엇인가?' 하고 질문을 받아도 그에 대답하기를 어려워하지 않는다. 용기나 미에 관한 여러 가지 사례를 꼽으면 된다고 생각하기 때문이다. 이러한 방법으로 얻은 답, 즉 경험적으로 얻은 답변은 운 좋게 어떤 상황에서는 유용할지도 모른다. 하지만 이것은 '지

(知)'가 아니다. 왜 어떤 상황에서 사용된 방법이 유효했는지를 설명할(로고스를 부여할) 수 없으며 다른 사람에게 가르쳐 줄 수도 없기 때문이다. 나는 오랫동안 카운슬링을 해 왔기 때문에 상담을 할 때 내담자가 이해하기 쉽게 구체적인 사례를 자주 들었다. 나 자신의 경험을 이야기하기도 했다. 문제는, 이 조언이 '나'에게는 해당되어도 누구에게나 반드시 해당된다고는 할 수 없다는 점이다. 사례를 들어 일반적인 원리를 명확히 하지 않는 이상, 가령 육아를 예로 들어 나와 내 아이 사이에서는 효과를 본 방법이라도 내담자의 자녀에게는 통용되지 않을 수도 있다.

지금 자신이 보고 있는 것이 전부는 '아니다'라고 생각했을 때, 혹은 지금 보고 있는 것이 전부는 아니지만 그 부분에 '있다'고 생각할 때, 이는 이미 사물을 직접 보고 있는 게 아니라 로고스 속에서 보고 있는 것이다. "그래서 우리는 자신이 단지 직접 보고 있을 뿐인 사물을 넘어서야만 한다. 이렇게 해서 넘어서게 하는 것이 바로 로고스다(다나카 미치타로,《로고스와 이데아 ロゴス とイデア》)."

보여진 것이 '있다'는 것, 또한 그들이 서로 '다르다'는 것은 직접 보여진 것이 아니라 사람이 보인 것에 덧붙여 생각한 것이다(플라톤,《테아이테토스》).

직접 경험하지 못한 일을
이해하기

잊고 있던 사람의 얼굴이 불현듯 떠오르는 일이 있다. 이때 그 사람의 얼굴을 떠올리고 있는 것은 분명 맞지만, 대면하고 있을 때와 동일하게 상대의 얼굴이나 표정이 떠오르는 것은 아니다. 뿐만 아니라 우리는 조금 전 헤어진 사람의 얼굴조차 선명히 떠올리지 못한다.

데카르트는 천각형을 예로 들며, 천각형은 상상(imaginatio)의 힘을 빌리지 않고 지성(intellectio)으로 이해할 수 있다고 말했다(데카르트, 《성찰》). 삼각형이라면 그 형태를 쉽게 떠올릴 수 있지만 천각형은 그 이미지를 떠올리기 힘들다. 천각형에 관해서는 그것이 천 개의 변을 가진 평면도형이라는 것을 이해할 뿐이다.

뭔가 문제가 생겼을 때 변호사나 카운슬러 등 제삼자에게 이야기를 해야 하는 경우가 있다. 당사자들은 직접 보고 듣지 않은 재판관, 변호사, 카운슬러에게 사정을 설명해야 하며, 그들은 자신이 직접 보고 듣지 않은 일을 이해해야 한다. 더구나 변호사는 피고의 행위가 정당하다는 것을 또는 무죄라는 것을 재판관에게 설명하고 설득해야 한다. 재판관도 자신이 직접 경험하지 않은 일에 관해서 변호사나 증인의 발언이 정당한지를 판단해야 한다. 자신이 직접 경험한 일만이 확실하다는 사고에 입각하면, 이러한 일은 애초에 불가능하다.

지금까지 사고는 자기 내면의 대화이며 직접 보고 듣지 않고도 가능하다는 것을 살펴보았다. 여기에도 분명 문제는 있다. 자기 내면의 대화에서 오가는 말이 상황이나 사물로부터의 직접 접촉이 없다는 데 따른 문제이다. 재판의 사례를 생각해 보면, 재판에서는 그에 관련된 사람 대부분이 직접 보고 듣지 않은 상태에서 단지 이야기를 듣고 그것이 진실인지 아닌지를 판단해야 한다. 그러다 보니 직접 보고 듣지 않았다는 것을 이용해서 진실을 왜곡해 재판관을 설득하려고 하는 사람도 있을 수 있다. 이런 감언이설에 속지 않기 위해서 필요한 것이 변증술이다. 이 기술은 자신이 아무것도 모르는 일에 관해서, 역시 아무것도 모르는 사람을 설득하는 것이라고 소크라테스는 말했다(플라톤,《고르기아스》).

이런 일이 있다고 해서, 진실을 알려면 직접 봐야 한다고 생각하는 것은 감각주의적 편견이다(다나카 미치타로,《로고스와 이데아》). 현장에 있었던 증인이라고 해도 시간이 지남에 따라 증언 내용이 바뀌어서 신빙성이 떨어지는 일도 많다. 재판관은 자신이 직접 보고 듣지 못한 일에 관해서 여러 사람이 증언하는 내용을 듣고 진실을 알아차려야 한다. 이것은 로고스에 의한 것이다.

만약 직접 보고 들어야 한다면 당사자밖에 판단할 수 없다.

나는 오랫동안 카운슬링을 해 오면서, 제삼자가 개입하지 않으면 문제 해결이 어려운 사례를 많이 보아 왔다. 이해관계가 얽히게 되면 당사자끼리 대화를 나누려고 해도 침착해지기가 쉽지 않기 때문이다.

예를 들어 독점욕이 매우 강한 여성에게 그 여성과는 이해관계가 없는 카운슬러가 사람은 누구나 자신을 자유롭게 해 주는 사람을 가장 사랑하는 법이라고 하면 납득할지도 모르지만, 당사자인 남성이 여성에게 이렇게 말하면 여성은 남성이 자신에게 무관심하다는 것을 정당화하는 발언으로 받아들이게 된다.

가설과 합의에 의한 대화

하지만 한편으로, 개입하는 제삼자가 능숙하게 중재하지 않으면 사태가 악화되는 것도 사실이다. 그래서 플라톤은 제삼자의 개입 없이 당사자들이 일문일답을 거듭함으로써 결정에 도달하는 디알렉티케(변증술)를 제안했다.

"서로 상대가 하는 말에 동의하면서 고찰을 진행하면, 우리는 자신들만으로 동시에 재판관과 변호인이 될 수 있을 것이다

(플라톤,《국가》)."

　대화는 제삼자의 개입 없이 각 논점에 관한 양자의 합의로 진척되고 문답을 통해 로고스적으로 해결된다. 하지만 이 경우, 설령 양자 사이에 이해관계가 있더라도, 혹은 있다면 더더욱 대화에는 로고스 이외의 요소가 섞이지 않고 대화가 차분하게 진행되어야 한다. 대화에 로고스 이외의 요소가 섞이면 안 되는 이유에 대해서는 나중에 좀 더 살펴보겠다.

　대화는 양자의 합의로 진행되지만, 최초의 출발점이 확고하지 않으면 말만 겉도는 셈이 되어 플라톤이 말하는 '꿈속의 필연성'이 된다(플라톤,《국가》). 가령 전체가 정합적이고 필연적인 체계를 이루고 있어도 출발점(플라톤은 '진실재(眞實在)'라고 한다)이 근거를 갖추지 못한다. 플라톤의 표현으로는, 실재(實在)에 관해 꿈을 꾸지만 눈을 뜨고는 실재를 볼 수 없다. 자신이 모르는 것을 출발점에 세워 놓고 그것을 출발점으로 삼아 결론에 도달하는데, 그 과정이 초지일관이라고 해서 그것만으로 지식이 되지 않는다. 꿈은 황당무계한 경우가 많아, 설령 초지일관하더라도 눈을 뜨면 한낱 꿈에 지나지 않는다.

　게다가 대화는 놀이처럼 행하는 문답 경기가 아니며, 결론이 어느 쪽으로 나든 상관없는 것도 아니다. 이때 출발점과 대화 도중에 맺는 합의는 가설(hypothesis)이며 끊임없이 이것을 따져 물어 결정해야 한다는 데 주의해야 한다. 그리고 이 가설을 더욱 확실하게 다지려면 합의되었더라도 오히려 더 가설로 간주해야 하며, 이는 소크라테스가 철학의 출발점이라고 본 '무지(無知)의 지(知)'와 통한다. 깊이 새기고 따져 묻지 않으면 가설은 더 이상 '가설(假說)'이 아니다.

대화와 레토리케를
구별할 것

일식을 직시하면 눈이 손상되므로 물이나 다른 것에 비춰서 관찰해야 한다. 마찬가지로 우리는 진실을 로고스에 비춰서 깊이 새기고 따져 물어야 한다. 그렇게 하지 않으면 강렬한 인상에 속아 넘어가기 십상이다.

레토리케(레토릭)에서는 진실인지 아닌지의 여부가 아니라, 어떤 사고든지 간에 설득하는 것이 중요한데, 설득하는 데는 로고스가 아니라 감정이 사용된다. 그래서 유창한 말솜씨로 상대 또는 청중을 설득하는 데 목적이 있는 레토리케는 대화와 구별된다.

소크라테스의 유죄가 확정된 후 형량을 결정하려 할 때 소크라테스가 자녀들을 대동해 재판관들의 인정에 호소하는 선택을 하지 않았다는 이야기를 앞서 소개한 바 있다. 진실을 말하는 것만을 생각했던 소크라테스에게는 그러한 방법을 쓰거나 능란한 말솜씨로 설득할 이유가 없었다. 다른 사람을 설득하려고 하는 사람은 이성(로고스)이 아니라 감정에 호소하려고 한다. 그러려면 청중의 안색을 살피고 그 자리의 분위기를 파악해야 한다.

플라톤은 이미 기원전 4세기에 현대 정치에서 현저하게 나타나는 '극장정치(테아트로크라티아)'에 관해 논하고 있다(플라톤,《법률》). 극장정치에서는, 소크라테스가 자신은 아무것도 모른다고 말한 것과는 달리, 사람들은 자신이 모든 것에 관해 지식이 있다고 생각하며 청중의 박수갈채에 따라 모든 일들이 결정된다. 플라톤은 그러한 양상을 극장에 비유했다.

당연한 말이지만, 박수갈채를 받았다고 해서 반드시 옳다고는 할 수 없다. 어느 시대에든 군중 심리를 이용해 대중을 선동하는 정치가(데마고그, Demagog)가 있었다. 그들은 논리(로고스)를 이용하지 않고 정에 호소하는 연설로 인심을 얻으며 대중을 지배하려고 한다.

데마고그가 아니더라도 한 분야에서 뛰어나다는 평판을 얻은 사람은 다른 분야, 예를 들면 교육에 관해서도 일가견이 있다고 인식된다. 그래서 교육에 관한 그 사람의 생각이 지지를 받게된다. 이는 고대 그리스에서도 마찬가지로, 사람들로 하여금 정치에 전문 지식은 필요 없으며 누구나 이에 참견하고 조언할 수 있다고 생각하게 만들었다.

그런 가운데 플라톤은 정치를 일종의 기술로 생각했다. 플라톤이 정치에 전문가가 필요하다고 주장한 것은 사람들이 감정에만 호소하고 진실이 아니라 겉만 그럴듯한 모습을 추구하는 레토리케에 속고 있는 현상을 염려했기 때문이다. 이는 현대 매스컴도 마찬가지다. 데마고그나 지성인을 자처하는 사람을 치켜세우는 것은 그리스 시대의 변론가가 조종하는 레토리케와 다름없으며, 이들은 교묘하게 사람의 마음을 조종하고 지배하려 한다. 그러한 레토리케에 속지 않으려면 최선의 준비를 해야 한다. 아무리 박수갈채로 데마고그를 맞이한다고 해도 결코 속아 넘어가지 않는 비판 정신을 지녀야 한다.

'중립'이라는 대의명분 뒤로 숨는 사람들

고대 그리스에서는 신문도 텔레비전도 없었기 때문에 많은 사람이 모이는 장소에서 연설을 하고 화려한 말솜씨로 사람들을 설득할 수밖에 없었다. 그래서 레토리케가 발달했다. 고대 그리스에서는 레토리케가 군중의 마음을 지배하는 유력한 수단이었지만, 오늘날에는 변변한 답변조차 하지 못하는 정치가들도 많다. 결론이 선행되고 그 결론을 끌어내기 위해 강제로, 그것도 유치하고 졸렬한 방법을 내세우는 수법만 알고 있는 것 같다.

오늘날에는 레토리케가 연설만을 뜻하지는 않는다. 신문, 잡지 등의 인쇄물, 텔레비전, SNS 등에서 능숙한 말솜씨로 감정에 호소한다. 어떤 방향으로 여론을 유도하기 위해서라면 왜곡된 정보를 흘린다. 나중에 가짜뉴스였다는 사실이 밝혀져도 맨 처음 보도가 취소되는 것은 아니다. 영상을 잘라내 유리하게 편집하거나 애초에 보도하지 않는 일도 일어난다.

진실이 아니라 그럴듯한 내용을 자극적으로 전달하는 정보가 세상에 흘러넘치고 있다. 이런 세상에서는 제한된 정보밖에 없어도, 또한 정보가 왜곡되어도 거기에서 진실을 알기 위해 애써야 한다.

저널리스트들은 '중립'을 지켜야 한다며 자신의 생각을 표명하지 않는다. 왜 비판하지 않는가. 중립이어야 한다는 대의명분 아래서 진위나 가치 판단을 하지 않아도 된다고 생각하는 것은 잘못이다. 판단을 하지 않는 것은 중립이라는 대의명분 뒤에 숨어 기자가 자신의 기사에 책임을 지고 싶지 않은 것뿐이다. 글을 쓰는 측이 판단을 보류해서는 안 된다. 판단을 보류해 객관적으로 보도하고 있는 것처럼 보이게끔 글을 쓰지 말고 적극적으로 주장을 해야 잘못도 알아차릴 수가 있다.

신문사나 방송국이 자신을 위해서, 혹은 정부를 위해서 의도적으로 보도하지 않거나 자의적인 편집을 할 때는 많은 정보원과 접촉하지 않으면 보도의 진위를 알아내기 어렵다. 하지만 독자는 더더욱 알려고 노력해야 하며, 불완전한 기사라도 거기서부터 정보를 끌어내려는 노력을 해야 마땅하다.

'누구'가 아니라
'무엇'에 초점을 맞춰라

지금까지 살펴봤듯이, 대화에서 비(非)로고스적인 요소, 이를테면 그 자리의 분위기라든가 대화 사이의 간격 또는 감정 같은 요소들이 들어갈 수 있다. 그런데 이 비로고스적 요소들이 중시되면, '무엇'을 얘기하고 있느냐가 아니라 '누가' 또는 '어떻게' 이야기하고 있는지에만 초점이 맞춰진다.

죽음을 앞둔 소크라테스와 제자들의 대화를 앞에서도 언급했지만, 만약 '무슨' 이야기가 이루어지고 있는지에만 주목할 수 있었다면, 발언자의 심기를 해쳐서 분위기를 망치는 것은 아닐지 걱정할 필요가 없을 것이다. 누가 발언하는지와 누구에게 말하는지를 배려하는 것은, 대화를 원활하게 하기보다 오히려 대화를 방해하고 하고 싶은 말까지도 못하게 하는 결과를 초래한다.

오늘날 이 사회에서 대화가 원활히 이루어지지 않는 것은 '무엇'이 이야기되는지가 아니라 '누가' 이야기하고 있는지가 중요시되기 때문이다. 반대로 대화가 성립되려면 '누가' 말하고 있느냐보다 '무엇'이 이야기되고 있는지를 중요하게 여겨야 한다.

이야기되고 있는 내용이 옳은지 아닌지가 문제이며 누가 말하고 있는지는 중요하지 않다. 잘못된 정보를 말하는 사람이 있으면 상사라고 하더라도 지적해야 한다. 미움을 받을까 두려워서 아무것도 말하지 않으면 대인관계의 마찰은 피할 수 있을지 모르지만, 지적하지 않은 데서 비롯된 실수가 화근이 되어 문제가 발생한다. 지적했을 때 따돌림당하지나 않을까 신경 쓰는 사람은 자신만 생각하는 것이다.

누가 말하고 있는가가 아니라 무엇을 이야기하고 있는지에만 주목해서 사람(누구)과 생각(무엇)을 구별하면 된다. 이야기되고 있는 내용이 옳다면 그것을 인정하고 필요할 때는 비판해야 하지만, 이때 생각을 표명하고 있는 사람을 비판해서는 안 된다.

소크라테스는 이런 식으로 말했다.

"만약 내 말을 따르겠다면 소크라테스는 그다지 신경 쓰지 말고 그보다도 진리 쪽에 훨씬 신경을 써 주게나. 내가 진실을 말하고 있다고 생각한다면 동의하고, 그렇지 않다면 모든 논의를 벌여 반대해 주게(플라톤,《파이돈》)."

또한 다른 부분에서는 다음과 같이 말했다.

"마치 의사에게 자신의 건강을 맡기듯이 자네는 당당하게 이 논의(로고스)에 자신을 맡기고 대답해 보게나(플라톤,《고르기아스》)."

대화는 로고스 자체에 자신을 맡기는 데 있다. 질문은 "당신을 위해서가 아니라 로고스를 위해서" 하는 것이며 악의가 있는 개인적 감정을 토대로 한 것이 아니다.

사람에 대한
신뢰의 문제

하지만 실제로는 조금 더 복잡한 일이 얽혀 있다. 누군가의 생각을 비판하는 동안에 그 사고를 표명하는 사람까지도 싫어지면 어떻게 해야 할까. 대화가 성립하기 위해서는 사람과 발언 내용, 또는 사고를 혼동해서는 안 된다. 비판이란 생각 자체를 비판하는 것이지, 사람을 비판하는 것이 아니다. 어떤 사람이 생각을 표명할 때 그 내용이 무엇이든지 간에 반대하고 나선다면 처음부터 대화는 불가능하다.

"진리 쪽에 신경을 써 주게나"라는 소크라테스의 말은 이러한 상황을 확실히 나타내고 있다. 또한 그리스 철학자 헤라클레이토스가 "내가 아니라 로고스에게 묻고 만물이 하나라는 사실에 동의하는 것이 현명하다"라고 할 때의 '로고스'는 세상에 내재하는 이법(理法)으로서의 '이치'인 동시에 '말'이며, 말에 내포되어 있는 '논리'이다.

문제는 이런 식으로 확실하게 누구와 무엇, 사람과 사고를 구분할 수 없다는 데 있다. 자신이 좋아하는 사람 또는 존경하는 사람이 하는 말이라면 순순히 받아들일 수 있어도, 싫어하는 사람이라면 같은 말도 받아들이기 힘들다. 상대에 대한 기본적인 신뢰감이 없으면 상대가 잘못된 정보를 말했을 때 그 일로 관계가 끊어질지도 모른다. 반대로 상대에 대한 신뢰감이 있으면 상대가 잘못된 말을 해도, 혹은 자신과 다른 생각을 말해도 거부감 없이 받아들일 수 있다. 그러한 신뢰감이 상대의 발언에 주목해서인지 아니면 사람에 대한 신뢰감이 먼저 있어서인지는 좀처럼 판단하기 어려워 보인다.

정치 상황에서도 마찬가지다. 정치가가 맞는 말을 하고 있더라도 그저 행정관이 쓴 글을 그대로 읽기만 한다면 그 정치가의 말은 국민에게 조금도 와닿지 않는다. 정치가가 아무리 중요한 원칙을 이야기하고 있어도, 그 사람을 신뢰할 수 없다면 지킬 마음이 생기지 않을 수 있다.

소크라테스와 제자들이 사형 전이라는 이른바 극한 상황에서도 소크라테스의 생각을 비판할 수 있었던 것은 소크라테스와 제자 사이에 존경과 신뢰 관계가 형성되어 있었기 때문이다. 이 존경과 신뢰는 상호적인 것이어서 제자들은 소크라테스를, 그리고 소크라테스는 제자를 존경하고 신뢰했다. 그렇기에 제자들은 그 상황에서 영혼의 불멸을 부정하는 듯한 논의를 소크라테스에게 솔직히 쏟아 낼 수 있었을 것이다.

나는 오랫동안 학생들에게 그리스어를 가르쳤다. 학생이 그리스어를 일본어로 바꿨을 때 그 문장이 맞았는지 틀렸는지를 판단해 잘못한 부분을 지적하고 설명하는 것이 교사의 일이다. 교사의 입장에서는 한두 번의 실수로 학생을 판단할 수는 없다. 학생은 처음 배우는 것이고 충분한 지식이 없으므로 틀리는 게 당연하다. 교사는 그들이 틀린 부분을 간과하지 않고 고쳐 줘야 하지만, 몇몇 오답으로 학생의 실력을 판단하는 일이 있어서는 안 된다.

이는 대인관계에서도 마찬가지다. 상대가 잘못된 이야기를 할지도 모르고 상대의 말에 상처받거나 화가 날지도 모르는 일이다. 하지만 이러한 일이 한두 번 있었다고 해서 상대와의 관계를 끊어서는 안 될 것이다. 또 함부로 끊을 수 없는 경우도 있다. 부모자식 관계는 대부분 끊을 수 없고, 자녀와 연로한 부모와의 관계도 마찬가지다. 상대방의 옳지 못한 언동을 옳다고 간주하라는 의미가 아니다. 자녀가 또는 부모가 무슨 말을 하든 결국은 발언 내용 자체에 주목할 필요가 있으며 그 바탕에 존경과 신뢰가 필요하다는 이야기다.

말하는 내용에는 그 사람의 배경이 있다

사람은 타자와 교환 가능한 면을 갖고 있으면서 한편으로는 일회성을 갖고 있다. 이렇게 생각하면 무엇이 이야기되고 있는가가 누가 이야기하는가보다 중요한지, 혹은 반대로 누가 말하는지가 무엇이 이야기되는지보다 중요한지 하는 대립이 있더라도, 최종적으로는 이 이면성을 함께 고려해야 하며 한쪽만을 떼어 낼 수 없다는 결론에 이른다.

즉, 사람은 '누구'라는 타자와의 교환 불가능한 면과, '무엇(을 말하는가)'이라는 타자와 교환 가능한 면을 갖고 있다고 할 수 있다. 이렇게 생각하면 같은 이야기를 하고 있어도 그 내용만을 가지고 판단하는 게 아니라, 처음부터 누가 말하는가 하는 점과 그 사람이 무엇을 말하는가 하는 점의 양쪽이 고려되어야 한다.

같은 것을 생각하고 발언하고 있는 것처럼 보여도, 그 말을 생각하고 말이 되어 나오는 배경은 똑같을 수가 없다. 무엇을 이야기하고 있는지에만 주목하고 누가 말하는지를 문제 삼지 않는다는 방향은 분명 옳고 의미가 있지만, 발언 내용만을 누구에게서 추상하기란 실제로 어려운 일이다. 가령 누군가와 이야기할 때, 발언 내용에만 주목해서 서로가 말하려는 바를 그대로 이해할 수는 있겠지만, 그 발언을 하고 있는 당사자를 상대가 이해하고 있다고는 생각할 수 없다. 제대로 대화가 이뤄지려면, 다름 아닌 자신에게 하는 말이라는 실감이 필요하다.

이는 상대의 개인적인 배경을 알고 있다는 의미가 아니며, 상대의 개인적인 일을 알고 있을 필요도 없다. 하지만 같은 말이라도 그 사람이 어떤 생각으로 말했는지는 그 사람의 입장에 서지 않으면 이해할 수 없다. 앞서 살펴본, 아들러가 말하는 '공감'이나 '동일시'가 필요하다는 뜻이다.

대화는
삶에 대한 문답

재미있는 것은, 로고스를 화자로부터 독립시켰을 것으로 여겨지는 소크라테스의 대화법이 최종적으로는 상대방의 삶에 대해 묻는 일로 흐른다는 것이다. 그리스 아테네의 정치가 니키아스 (Nikias)가 이런 말을 했다.

"당신은 모르고 있는 것 같지만, 소크라테스와 가까이 지내면서 대화를 하면 처음에는 뭔가 다른 주제로 이야기를 시작했더라도 점차 소크라테스에게 말로 이리저리 끌려다니다가 결국은 반드시 당신 자신의 이야기에 다다릅니다. 그래서 지금 어떤 삶을 살아가고 있는지, 지금까지 어떤 삶을 살아왔는지를 샅샅이 이야기하게 되지요. 일단 그렇게 되면 당신이 한 말을 전부 다 따져 묻기 전에는 소크라테스가 먼저 놔주지 않을 겁니다(플라톤, 《라케스》)."

소크라테스가 지성인이라고 불리는 사람의 인생을 철저히 따져 물은 것은 그 사람이 갖고 있는 지식의 유무를 알아보기 위해서가 아니었다. 소크라테스와 대화를 한다는 것은 소크라테스에게 삶을 시험받는 일이었다. 이것은 "인간에게 있어 따져 묻지 않는 삶은 가치가 없습니다(플라톤, 《소크라테스의 변론》)"라고 말하는 소크라테스에게는 당연한 일이었다.

소크라테스와 대화를 나눠본 사람은 마치 독사에 물린 것 같은 경험이었다고 한다.

알키비아데스는 말한다.

"그런데 나는 독사보다도 훨씬 아픈 것에, 그것도 사람이 물리는 부위 중에서 가장 아픈 곳, 바로 영혼을 물렸던 것이지요-바로 철학의 말에 의해서요(플라톤,《향연》)."

플라톤이 《향연》에서 알키비아데스의 입을 빌려 밝힌 이 감상은 젊은 플라톤 자신의 마음이었을 것이다. 불과 28세에 불과했던 플라톤은 아직 부족한 점이 많은 자신이 아테네의 국사에 관여하고 있음을 부끄러워했는데, 이 부끄러운 마음을 소크라테스가 인정하게 만들 것이 틀림없다는 생각에 두려워했다. 차라리 소크라테스가 이 세상에서 사라졌으면 좋겠다고 생각할 정도였다. 이것은 알키비아데스의, 다시 말해 플라톤의 솔직한 마음과는 정반대의 심정이었지만 나중에 이 일이 현실이 되었을 때 플라톤의 마음은 어땠을까 싶다.

아무튼 소크라테스는 '영혼 치유'가 무엇보다 중요하다고 말했다.

"당신들은 가능한 한 많은 돈이 손에 들어오는 일이나 평판과 명예에는 신경을 쓰면서도, 지혜와 진실에는 관심이 없으며 영혼을 최대한 뛰어나게 하는 데는 마음 쓰지도 않고 걱정도 하지 않으니 부끄럽지 않습니까? 이 말에 이의를 제기해 신경을 쓰고 있다면 저는 그 사람이 바로 가도록 내버려두지 않고 나도 떠나지 않고서 질문을 던져 철저히 따져 물을 것입니다(플라톤,《소크라테스의 변론》)."

이처럼 소크라테스의 대화는 최종적으로 삶의 방식까지 문제 삼을 수밖에 없었다. 그에게 대화는 사람이 올바르게 살아가고 있는가 하는 성찰이기 때문이다.

　화자와 언어를 분리해 떼어 놓는 디알렉티케 정신에 입각한 이야기가 화자의 삶을 날카롭게 파고들어 간다는 것이 매우 흥미롭다. 처음에는 다른 주제로 대화를 시작해도 마침내는 자신의 이야기로 옮겨가 어떤 삶을 살고 있는가 하는 데까지 이른다. 더불어 소크라테스는 "영혼을 최대한 뛰어나게 하는 데 마음을 쓴다"고 말하고 있지만, 이는 다른 대화편에서는 '영혼 치유(psyches therapeia)'라고 불린다. 이 말이 영어 등 근대어에서는 'psychotherapy' 즉 심리요법이라는 뜻으로 쓰이게 된 것이다.

대화 성립의
조건

─────────────── / ───────────────

① 아무것도 모른다는 '지식'

플라톤의 《고르기아스》에서는 칼리클레스(Callicles)라는 인물이 나오는데, 그는 약육강식이야말로 정의라는 과격한 사상을 갖고 있었다. 소크라테스는 칼리클레스가 대화 상대자가 지녀야 할 조건을 모두 갖추고 있다고 하면서 다음과 같이 말한다.

"사람이 상대의 영혼을 이해하고 올바르게 살아가고 있는지 아닌지를 충분히 살펴보려면 그 사람은 세 가지 조건, 즉 지식, 호의 그리고 솔직함을 갖추어야 하는데, 자네는 그 세 가지를 전부 갖추고 있네(플라톤,《고르기아스》)."

소크라테스가 손꼽은 이 세 가지 조건에 관해 생각해 보자.

우선 '지식'이다. 소크라테스는 아테네의 거리에서 청년들과 대화를 나누었는데, 그는 항상 자신이 지혜로운 자, 즉 '지자(知者)'가 아니며 아무것도 모른다고 말했다. 그리고 지혜롭다고 불리는 사람들과 대화를 나눠 실은 그들이 지자가 아니라는 사실을 밝혔다.

지혜로운 자는 '지(知)'를 추구하지 않는다. 이미 지를 갖추고 있다고 생각하기 때문에 더 이상 지를 추구하려 하지 않는다. 한편, 무지(無知)한 사람도 뭔가를 알려고 하지 않는다. 알지 못한다는 사실조차 모르기 때문에 알려고 하지 않는 것이다. 지자와 무지자 사이에 있는 사람만이 지를 추구한다(플라톤,《향연》).

소크라테스는 자신의 지, 그리고 타자의 지에 관해 철저히 따져 묻고 고찰했다. 소크라테스는 자신보다 지혜로운 자는 아무도 없다는 아폴론의 신탁을 듣고서도 우쭐대거나 자만하지 않았다. 소크라테스가 스스로 신탁을 들으러 간 것은 아니었다. 오래된 친구가 델포이 신전에 가서 소크라테스보다 지혜로운 자가 있는지를 물었던 것이다. 소크라테스는 자신이 지자가 아니라는 것을 자각하고 있었기에 대체 신이 무슨 말을 하는 건지 알아내려고 했다. 그래서 신에게 반박하기 위해 지자라고 불리고 있는 사람들을 찾아다니며 자신보다 지식이 있는 사람이 있다는 사실을 밝혀내려고 했다. 한 사람이라도 지자가 있으면 신탁이 잘못되었다는 것을 증명할 수 있기 때문이다. 하지만 이 '편력'의 결과, 다음과 같은 사실이 드러났다.

지자로 불리고 있는 사람은, 자신이 사실은 아무것도 모르면서도 알고 있다고 생각한다. 하지만 인간은 한결같이 무지하다. 그 사실을 알고 있는 사람은 스스로 아무것도 모른다는 사실을 알고 있다는 그 약간의 차이로, 자신이 아무것도 모른다는 사실을 모르는 사람보다 지혜가 있는 것이다. 소크라테스는 신탁이 이 사실을 알려 준 것이라는 데 생각이 미쳤다.

이 이야기에서 명확히 밝혀진 것은, 우선 이처럼 신이 아닌 인간은 '지(知)'라는 관점에서는 모두 평등하고 대등하다는 점이다. 분명 인간은 무지하지만 그렇기에 더욱 지를 추구하고 소망한다. 이것이 지를 사랑한다는 '철학'의 근원적인 의미다. 자신에게 지가 있다고 생각하면 그 이상 지를 추구하려고 하지 않을 것이다.

대화의 전제는
대등한 관계

또한 대등한 관계가 성립되어 있기에 제자는 스승에게, 환자는 의사에게 모르는 것을 질문할 수 있다. 더욱이 그 내용을 둘러싸고 대화를 하기 위해서는, 물론 이 관계가 확립되어 있다면《고르기아스》에서 꼽았던 다른 조건, 예를 들면 나중에 고찰해 볼 솔직함을 갖추기는 쉬울 것이다. 가르치는 측도 대등하다는 것을 알면 자신이 지(知)를 하사한다는 식의 거만한 태도를 보이지 못한다.

소크라테스와 그의 대화 상대자가 정말로 대등한 관계였는지 의문을 품는 사람이 있을지 모르지만, 이는 분명하다. 소크라테스는 신이 아니므로 완전한 지를 가질 수가 없다. 그래서 '소크라테스보다 지혜로운 자는 아무도 없다'라는 아폴론 신탁을 처음 들었을 때 소크라테스는 신의 그 말을 믿지 않았다. 소크라테스는 어디까지나 지자가 아니라 애지자(愛知者), 즉 지혜를 사랑하는 사람이었다. 그 점에서는 소크라테스가 이 세상의 누구와도 다르지 않다. 다만 다른 사람은 자신이 무지하다는 것을 알지 못한다. 인간인 이상, 누구나 완전한 지를 갖추고 있지 않다는 의미에서, 소크라테스 그리고 그와 대화하는 상대는 대등하다. 그리고 이렇게 대등하다는 사실이 전제되지 않으면 지식이 그것을 갖춘 사람에게서 갖추지 않은 사람에게 전달되는 일은 있어도 대화는 성립되지 않는다.

지식에 대해 이런 생각을 했던 소크라테스는 청년들을 상대로 논의할 때, 특별한 말을 사용하지 않고 일상적으로 사용하는 평소의 언어로 말했다. 소크라테스에게는 설득력이 있다든가 미사여구로 꾸민다거나 하는 일은 문제가 되지 않았다. 소크라테스의 관심은 오로지 한 가지, 진실을 말하느냐 아니냐, 이것뿐이었다.

일흔 살에 고소를 당한 소크라테스가 재판소에 간 것은 평생 처음 있는 일이었다. 재판 때 소크라테스는 배심원들에게 이렇게 말했다.

"지금도 제가 여러분에게 이러한 요구를 해도 정당하다고 생각합니다. 유창한 말솜씨도 없고 뛰어난 설득력도 없지만 너그러이 이해해 주시고, 단지 내가 주장하는 말이 옳은지 옳지 않은지만을 헤아려 들어 주시기 바랍니다(플라톤, 《소크라테스의 변론》)."

알맹이도 없는 쓸데없는 이야기를 미사여구로 꾸며 말하는 사람은 오늘날에도 많다. 이런 사람들이 레토리케를 사용한다. 하지만 우리가 대화에서 추구해야 할 것은 지식 혹은 진실이다. 결코 생각이나 진실다움이 아니다.

소크라테스는 지자로 불리고 있는 사람들에게, 그들이 실제로는 아무것도 모른다는 사실을 가차 없이 지적해 알렸다. 물론 이러한 일을 당한 사람은 불쾌했을 것이다. 이로 인해 소크라테스는 고소를 당했고 결국은 사형되었다.

대화 성립의
조건

② 협력적인 대화를 가능하게 하는 '호의'

대화가 가능하려면 앞서 살펴본, 대화 성립을 위한 세 가지 조건의 둘째인 '호의'가 필요하다. 플라톤의 《고르기아스》에서, 소크라테스는 대화 상대인 칼리클레스가 자신에게 호의를 품고 있다고 말한다. 그리고 그 근거로 칼리클레스가 자신의 가장 친한 친구에게 한 것과 똑같은 충고를 소크라테스에게도 했다는 점을 들었다. 그 충고는, 철학에 몰두하면 자신도 모르는 사이에 인간이 못쓰게 되므로 그런 일이 벌어지지 않도록 조심하라는 내용이었다. 칼리클레스의 이런 말을 비딱하게 받아들이지 않는 인격이 바로 소크라테스의 진면목이다.

대화하는 상대에게 호의를 갖지 않으면 협력 관계를 맺을 수 없다. 대화는 분명 논쟁적이기는 하지만 상대에게 이기는 게 목적은 아니다. 호의가 없으면 상대를 비판하고 설득하려고 한다.

칼리클레스는 소크라테스에게 인간 사회에서도 약육강식이 통용되고 있으며 그것이 바로 '자연의 정의'라고 말한다. 게다가 소크라테스가 이 사실을 잘 모르는 것은 철학에 지나치게 빠져 있기 때문이며 애초에 철학은 젊을 때 적당히 접하는 건 좋지만, 지긋한 나이가 되어서도 언제까지나 계속할 만한 것은 아니라고 강조했다. 하지만 이런 말을 하면서도, 칼리클레스는 소크라테스에게 "나는 당신에게 상당한 호의를 갖고 있습니다"라고 말했다(플라톤,《고르기아스》). 소크라테스와 칼리클레스의 사고방식 차이를 생각하면 이런 호의는 놀라운 일이었다.

대화 성립의 조건

③ 눈치 보지 않고 질문할 수 있는 '솔직함'

하지만 호의가 있는 것만으로는 충분하지 않다. 소크라테스는 칼리클레스보다도 먼저 대화를 한 고르기아스와 폴로스에 관해서 "말하자면 솔직함이 부족하고 필요 이상으로 사양하는 면이 있다", "내가 만나는 많은 사람은 당신(칼리클레스)만큼 나를 걱정하지 않기 때문에 내게 진실을 말하려 하지 않는다"고 말했다. 하고 싶은 말을 하지 못하거나 또는 분위기를 두려워해서는 안 된다는 것이다. 그래서 대화 성립의 셋째 조건, 즉 '솔직함'이 필요하다.

앞서 살펴본 그 자리의 상황이나 분위기가 사람을 솔직하지 못하게 만드는 건 분명하다. 이러한 분위기나 상황의 존재를 강조하는 까닭은 대화를 막아서기 위해서이며, 분위기란 사실은 자연발생적이고 부동적이 아니라 필요하면 바꿔 나갈 수 있다는 것을 앞서 살펴보았다. 분위기는 자기장처럼 그 자리에 있는 사람을 지배하는 요소가 아니다.

아들러와 우울증 환자의 사례에서 소개했듯이, 비록 스스로는 의식하지 못했지만 환자는 말을 천천히 함으로써 치료자보다 우위에 서려고 했다. 이 사실을 제시했을 때 중요시해야 하는 점은 뭔가 원인이 있어 느리게밖에 말할 수 없는 게 아니라 느리게 말하는 데 '목적'이 있다는 것이다. 또한 소크라테스의 사형 집행일에 영혼의 불멸을 부정하는 반론을 펼치는 사례 역시, 문제가 되는 사실이라면 밝혀야 한다고 생각하는 사람만이 할 수 있는 행동임을 보여 준다.

그런 의미에서 모르는 것에 관해 솔직히 묻고 날카롭게 추궁해 대화에 참여하는 것은 좋은 현상이다. 이런 이들은 강연이나 강의가 끝난 후 질문이 있는지를 물으면 거침없이 손을 든다. 반면에 바로 질문하지 않는 사람은 이런 것도 모르냐고 생각할까 봐 조심스러워서 다른 사람의 질문을 들은 뒤에야 질문한다.

그런데 이때 사람들에게 자신이 뛰어나다고 어필하고 싶어서 질문하는 사람들이 있다. 그런 사람은 다른 사람의 질문을 듣지 않는다. 강연 자체도 듣지 않는다. 질문을 하기 전에 머릿속에서 리허설을 한 뒤, 똑 부러지게 말할 자신감이 붙었을 때 드디어 이야기하기 시작한다. 하지만 그때는 강연이 진행되고 이야기가 앞서 나간 후이므로, 이런 사람은 강연 내용의 흐름을 따라가지 못하게 된다.

오스트리아의 철학자이자 신학자인 이반 일리치(Ivan Illich)가 일본을 방문했을 때, 강연 후 "질문 없습니까?" 하고 말하자 "크리슈나무르티를 어떻게 생각하십니까?" 하고 물어본 사람이 있었다(쓰루미 슌스케,《어른이 된다는 건 뭘까? 大人になるって何?》).

이 질문은 강연 내용과는 관계가 없었다. 질문한 사람은 자신이 지두 크리슈나무르티(Jiddu Krishnamurti, 20세기 가장 훌륭한 정신적 스승 중 하나로 간주되는 명상가이자 인도 철학자-역주)의 책을 읽었다는 것, 그리고 자신이 얼마나 지식이 있는가 하는 것을 강연자나 다른 청중에게 피력하고 싶었을 뿐이다.

나 역시 비슷한 경험이 있다. 아들러 심리학에 관해서 강연했을 때 '프랭클에 대해 어떻게 생각하는지'를 물은 사람이 있었다. 빅터 프랭클은 아들러 밑에서 일한 적도 있는 인물이므로 전혀 관계가 없는 사람은 아니었지만 뜬금없다는 느낌은 부정할 수 없었다.

이러한 질문을 하는 사람은 질문을 하지 않는 사람보다는 솔직하다고 할 수 있지만, 자신이 어떻게 비칠지에 관심이 있을 뿐이지 강연자와 대화를 나눌 생각은 없는 것이다. 한마디로, 질문하기를 주저하는 사람도, 자신의 지식을 과시하려고 질문하는 사람도 자신의 일밖에 관심이 없는 것이다.

주위에 멋있게 보이고 싶어서 다른 사람의 이야기를 듣지 않고 질문하는 사람이야말로 분위기를 파악하지 못하는 사람이다. 진짜로 솔직한 사람은 문득 의문이 생겼을 때 물어본다. 강연이나 강의를 듣고 있을 때 갑자기 궁금한 점이 떠오른다면 그 의문을 품은 사람은 그 사람뿐만이 아닐 터이다. 자신의 의문만을 해소하기 위한 질문이 아니므로 다른 사람에게도 도움이 되는 일이다.

제대로 질문을 하려고 생각하는 것에는 의미가 없다. 모르면 '제대로' 질문할 수 없는 것이 오히려 당연하다.

무지를 드러내더라도
물어보는 자세

―――――――――――― / ――――――――――――

철학자 고사카 마사아키(高坂正顕)가 자신의 스승 니시다 기타로의 논문을 철학 전문 잡지에 싣기 위해 교정을 봤을 때의 일화다.

고사카는 니시다의 논문에 나오는 어떤 한 단어의 표현이 단번에 이해되지 않았다. 반복해서 쓰여 있었기 때문에 오타가 아니라는 것은 확실했지만, 교정지를 그대로 인쇄소에 넘기기에는 마음이 걸렸다. 그래서 원고와 교정지를 들고 니시다 기타로의 자택으로 찾아갔다.

"이 표현이 제게는 확 와닿지를 않아서요, 이대로 괜찮겠습니까?"

니시다는 한참 동안 원고를 이리저리 넘겨보더니, "뭐, 이대로 괜찮지"라고 대답했다.

실은 니시다는 고사카가 교정을 보기 이전에 이미 다른 논문에서도 이 표현을 사용했었다. 가까이에서 강의를 듣고 직접 이야기도 들었을 제자가 "이대로 괜찮겠습니까?" 하고 질문하는 것이 니시다는 필시 못마땅했으리라.

하지만 이해하지 못하면서 스승이 쓴 글이라 의문을 삭이는 것은 학문이 아니다. 나는 고사카가 의문을 그대로 덮어 두지 않고 니시다에게 물어보았다는 사실이 마음에 든다. 니시다가 의문을 품은 고사카에게 좀 더 설명해 줬어도 좋지 않았을까 싶지만, 어쨌거나 의문을 표현하는 것이 자신의 무지를 드러내는 결과가 되더라도 잠자코 있는 것보다는 훨씬 바람직하다.

교사였던 경험에서 말하자면, 아무 말 없는 학생보다 모르는 부분을 솔직히 물어보는 학생이 고마웠다. "그건 교과서 이 부분에 쓰여 있지" 하고 알려 주면 그만인 질문이라고 해도 마찬가지다.

모르는 부분이 있다는 것은 상당히 이해하고 있다는 의미다. 정말로 아무것도 모르면 질문할 거리도 없다. 학생이 질문하지 않는 것은 교사가 위압적이어서 질문하기를 두려워하는 경우이거나 애당초 가르치는 방식에 문제가 있어서라는 점을 알아야 한다.

처음부터 대화가
불가능한 사람이라면

대화가 성립하려면 대등하다는 전제가 필요하다. 그런데 부모와 자식, 교사와 학생, 그리고 상사와 부하의 관계는 대등하다고 생각하지 않는 사람이 많다. 대등하지 않다고 생각하는 사람은 힘으로 억압하려고 든다. 그러다 보니 분노를 불러일으키게 되어 반론하고 싶어도 할 수 없고, 어쩔 수 없이 따르게 되는 일이 많다.

대인관계에서 자신이 위에 서려고 하는 사람은 열등감을 갖고 있다. 누군가가 자신의 위에 서는 것은 물론이고, 옆에 나란히 서는 것도 참지 못한다. 언제 어떻게 그 지위에서 떨어질지 몰라 전전긍긍한다. 그런 사람은 자신의 지위를 위협당하지 않으려면 권력을 행사해야 한다고 생각하기 때문에, 항상 큰 목소리로 호통치고 꾸짖는다. 반면 정말로 뛰어난 사람은 자신의 실력을 과시하지 않고 분노를 폭발시키지도 않는다.

이러한 이치를 알고 있으면 분노를 폭발시키는 부모나 교사, 또는 상사를 두려워할 필요가 없다. 만약 부모나 교사, 상사가 분노를 폭발시킨다면, 감정에는 주목하지 말고 무슨 말을 하고 있는지에만 집중한다. 만약 잘못된 이야기를 하고 있다면 그 말을 정정하면 된다.

대화가 아닌
해결책은 일시적일 뿐

오사카대학교에서 개최된 '평화를 위한 집중 강의'에서 오쿠모토 교코(奥本京子) 교수는 이렇게 말했다.

"2인 1조가 되어 한 사람은 자신의 양손을 꽉 쥐어 보세요. 다른 한 사람은 짝이 된 사람의 그 손을 떼어 보세요"

그러자 교실 안이 웅성거렸다. 잠시 후 오쿠모토 교수는 말했다.

"'손을 떼어 주세요'라고 말한 사람이 있나요?"

오쿠모토는 덧붙여 설명했다.

"왜 힘으로만 풀려고 했을까요? 평화적 수단으로 분쟁을 넘어서려면 대화해서 상대와 관계를 맺고 상대에 대한 상상력과 창조력을 발휘해야 합니다."

이 일화에서 알 수 있듯이, 대화를 통해 문제를 해결하는 방법이 있다는 것을 상상도 하지 못하는 사람이 많다. 꼭 물리적인 힘을 사용하지 않더라도, 말해 봐야 소용없다고 회피하거나 감정적이 되어 야단을 치고 제압하려고 한다. 이런 방법들이 확실히 쉽고 즉효성이 있어 보이는 것은 사실이나, 이것들이 일시적인 해결밖에 되지 않는다는 사실은 일상생활에서 얼마든지 찾아볼 수 있다.

철저하게
의심하고 의심할 것

———————————— / ————————————

내가 이해하기로는 철학자인 소크라테스가 생애에 걸쳐 행한 대화, 그리고 소크라테스의 정신을 계승하는 사람이 행해야 하는 대화의 목적은 기성 가치관을 인정하지 않고, 사회와 문화의 가치관을 철저하게 의심하는 것이다. 이것이 절대적인 가치가 있음을 부정하려는 게 아니라는 점은 앞서 이미 밝힌 바 있다. 핵심은 가치 있는 일이라고 알고 있는 일이라도 처음부터 자명한 것은 아무것도 없다는 사실이다.

그러므로 어떤 문제든 간에 자명한 일은 아무것도 없다고 생각하고 온갖 말(로고스)을 다해서 논의할 필요가 있다. 만약 당연하다 혹은 논할 것까지는 없다고 하며 상대의 말을 가로막는 사람이 있다면, 단연코 맞서야 한다.

소설가 무라카미 하루키가 심리학자인 가와이 하야오(河合隼雄)와 대담할 때의 일이다(가와이 하야오·무라카미 하루키, 《하루키, 하야오를 만나러 가다》). 무라카미는 소설 속에서는 초자연현상이나 초현실적인 것을 다뤘지만, 현실에서는 그런 일을 믿지 않았다고 했다. 그런데 그런 그가 전차나 포탄, 반합, 수통 등이 그대로 남아 있는 노몬한 전투(1939년 일본과 소련이 몽골 초원에서 격전을 벌인 전투로 일본이 크게 패했다-역주) 유적지에 가서 박격포탄의 파편과 총탄을 호텔 방에 가지고 돌아왔는데, 밤중에 문득 잠이 깼을 때 방 안이 걸을 수 없을 정도로 크게 흔들린 경험을 했다. 그러고 나서 암흑 속을 기어가 문을 열고 복도로 나갔더니 흔들림이 뚝 그치고 조용해졌다고 한다. "저는 이것을 일종의 정신적 파장이 맞아떨어진 거라고 생각했습니다. 그만큼 제가 소설 속에서 노몬한에 깊이 관여하고 있어서 일어난 일이라고요. 그것을 초자연현상이라고 생각한 건 아니지만 뭔가 그런 작용, 또는 그런 연관성을 느꼈던 거지요."

이 이야기를 들은 가와이는 말했다.

"그런 현상을 어떤 명칭으로 불러야 할지 매우 어려운 문제지만 나도 그런 일이 있을 수 있다고 생각합니다. 그에 대해 어설픈 설명은 하지 않겠습니다."

또한 일본 고전문학의 최고봉으로 일컬어지는 《겐지모노가타리》에 나오는 원령 같은 초자연성에 대해서, "그런 건 현실의 일부로서 존재한 것일까요?" 하고 묻는 무라카미에게 가와이는 "완전히 현실이라고 생각해요."라고 대답했다.

이런 식으로 '그런 일이 있을 수 있다'라고 정리해 버리면 어떤 이야기든 거기서 끝나고 만다. 이것은 언론(로고스) 봉쇄나 다름없다. 영적인 현상에 관해서, 그에 관해 논의는 하지 않고 그저 '있다'고 말하는 것처럼 보인다. 여기에는 죽음을 앞에 두고 더욱 철저하게 영혼의 불멸에 관해 논의한 소크라테스와 제자의 모습을 찾을 수 없다.

상징으로서의
말이 가지는 위험성

어떤 주제나 명제들은 철저하게 의심하는 것을 가로막는다. 예를 들어 나라를 사랑하는 것은 당연한 일이라는 말을 들었을 때, 여기에는 거역하기 어려운 힘이 작용한다. 하지만 어떤 나라에 태어났다고 해서 그 나라를 반드시 사랑할 수 있는 것은 아니며, 강요받아 사랑할 일도 아니다. 자신이 나고 자란 국가를 사랑할 수 있으려면 본래 사랑한다는 것이 무언인지를 생각해 봐야 한다.

미국의 정신 분석학자 에리히 프롬은, 사랑은 기술이며 기술을 익히려면 지식과 노력이 필요하다고 강조했다. 그런데 많은 사람이 그렇게 생각하지 않는다. 사랑은 대상의 문제라고 생각한다. 다시 말해, 사랑하기는 쉽지만 사랑하고 사랑받을 적합한 상대를 찾는 일이 어려운 문제라고 생각한다(에리히 프롬, 《사랑의 기술》). 그 점에서 애국심은 대상이 확실하다.

결국 사람들 대부분은 나라를 사랑하는 일을 당연한 것으로 여기고 스스로 생각하기를 그만둔다. 능란한 말솜씨에 설득당해 생각하기를 멈추는 경우도 있을 것이다. 어떻든지 간에 생각하려 하지 않고 말에 마비된 사람은 그 말의 의미를 확인하지 않게 된다. 그러면 이른바 명목으로서의 말만 널리 알려져 본래 명목에 지나지 않았던 말이 실제로 존재하는 가상을 부여받을 수 있다.

말에는 신호로서 기능하는 경우와 상징으로서 기능하는 경우가 있다(후지사와 노리오, 《이데아와 세계 イデアと世界》). 전자는 말과 사물과의 이항관계로 말과 사물이 직결된다. 반면에 후자에서는 말과 사물이 직결되지 않고 상념이나 관념이 사이에 존재한다. 언어, 사물, 관념(상념)의 삼항관계이다.

좀 더 자세히 설명하자면, 말이 신호로서의 기능을 넘어서서 상징이 될 때, 비로소 '오노마(onoma, 이름)'뿐만 아니라 로고스(이치)가 될 수 있다. 이 상징으로서의 언어에서는 언어와 사물이 직결되지 않는다. 언어를 들었을 때 우리가 이해하는 것은 사물 자체가 아니라 서로의 생각이다. 상념이나 관념이 사이에 존재해 삼항관계가 성립되는 것이다. 신호로서의 말인 경우는 그것이 지시하는 말이 대응하지만, 상징으로서의 말은 사물이나 상황으로부터 독립된 영역을 가질 수 있다.

상징으로서의 말이 삼항관계에 있다는 것은 눈앞에 있는 사물이나 상황과는 관계없이 말만 널리 퍼지고 알려져 말이 실체화됨을 의미한다. 그러므로 '사랑'이란 건 없다. 실제로는 '사랑한다'는 행위밖에 없다(에리히 프롬, 《소유냐 존재냐》). 애국심이나 정의라는 말도 마찬가지다. 어떤 행동인지 검증되지 않은 채 강요되었던 애국심이나 정의라는 말을 위해 얼마나 많은 사람이 죽임을 당해 왔던가.

수동성을
넘어서다

―――――――――――――――― / ――――――――――――――――

어느 시대에나 열렬히 환영받는 데마고그(선동정치가)는 용맹스러운 말을 내세워 국민의 마음을 사로잡고 전쟁으로 몰아간다. 옆에서 감정을 부추기면 사람은 스스로 생각하지 않게 된다. 어떤 일도 자명하다고 생각하지 않고 철저하게 의심하는 비판적인 정신을 가진 사람은 많지 않다. 정치가가 능수능란한 수사술을 사용하거나 때로는 힘으로 국민을 지배해도, 국민들이 그런 상황을 받아들이고 마는 까닭은 무엇일까. 아마 정치가도 국민도, 사람은 기본적으로 자신에게 일어나는 일에 수동적인 존재라고 생각하기 때문이 아닐까 한다.

보이는 것이 전부라고 생각하는 감각지상주의에 관해서는 지금까지 여러 차례 살펴보았다. 하지만 사람은 감각, 지각한 것을 그대로 수동적으로 받아들이지는 않는다.

또한 감정에 관해서도 지금까지 알아본 것처럼, 사람은 그에 저항할 수 있다. '격정, 격노, 열정'을 의미하는 영어 'passion'은 '당하다, 참고 견디다'라는 의미의 라틴어 'patior'가 어원이다. 이 사실에서 알 수 있듯이, 사람은 본래 자신의 의지로 감정을 억제할 수 있는 것은 물론이고 자신의 의지로 감정을 만들어낼 수도 있다.

더 나아가 사람은 무언가가 원인이 되어 그 일에 그저 '수동적으로 반응하는 사람(reactor)'이 아니다. 같은 경험을 했다고 해서 누구나 똑같아지는 건 아니다. 사건이나 재해가 일어날 때마다 마음 돌봄의 일환으로 학교 같은 데서 카운슬러가 파견되는데, 트라우마(마음의 상처)가 될 수 있는 사건을 경험했다고 해서 그에 대해 모두가 똑같은 반응을 보이는 것도 아니다. 사람은 반응자가 아니라 '행위자(actor)'다.

2011년 오사카의 이케다에 있는 초등학교에서 아동살상사건이 일어난 후, TV 인터뷰에서 한 정신과 의사의 인터뷰를 보고 놀란 적이 있다. 그는 이번 사건에 관련된 아이들이, 비록 지금은 아무렇지 않더라도 나중에 인생의 어떤 단계에서 언젠가 '반드시' 문제가 일어날 것이라고 말했다. 이 의사의 말은, 사람은 어떤 상황에서든 외부로부터 받은 자극이나 자신이 놓인 상황에서 일방적으로 영향을 받고(patior), 그에 대해 아무것도 할 수 없다고 생각하고 있음을 보여 준다. 가만 보면 이렇게 생각하는 사람들이 꽤 많은 듯하다. 마음에 받은 상처를 치유해 주기 위해 경청이나 환자 옆에 있어 주는 일 이상의 무언가를 적극적으로 할 수 없다고 생각하는 카운슬러는 이러한 사고관을 갖고 있기 때문이다. 이렇게 생각하는 카운슬러는 말(로고스)로 대화를 할 수 없다.

자신의 인생에 책임을 진다

천재지변이나 사고 등 큰 사건을 생각해 보지 않아도, 가령 평소에 이성적이던 사람이 어떤 상황에서 고함을 쳤다고 해 보자. 그는 그렇게 큰소리를 낸 것이 분노의 감정에 지배되어 '순간 욱했기 때문'이라고 설명할 것이다. 잘못인 줄 알면서도 사람을 상처 입히거나 죽였다고 말하는 경우도 있다. 그리스 철학에서는 이러한 경우를 '아크라시아(akrasia)' 혹은 '아크라테이아(akurateia, 무절제, 의지박약)'라고 불렀다. 의지가 약하다는 이유로, 어떤 일이 자신에게 선(이득)이라는 것을 알면서도 하지 않는다거나, 혹은 악이라는(도움이 되지 않는다는) 것을 알면서도 그 일을 하는 경우를 가리킨다.

플라톤은 두 가지 이상의 선택지가 있어 어느 한쪽을 실행할까 하고 망설여 결단을 내리지 못하는 갈등을 인정하지 않았다. 어떤 행위(A)가 아닌 다른 행위(B)를 선택한 그 시점에서 A가 아니라 B를 선이라고 보는 것이다. 이렇게 사람은 선택 상황에서 자신이 선이라고 판단한 무언가를 선택하지만, 그 선택을 무언가에 의해 지배당함으로써 방해받은 것은 아니다. 잘못은 어디까지나 자유 의지를 기반으로 한 지적(知的)인 선택이다. 이렇게 생각하면, 카운슬링은 단지 환자 옆에 있어 주거나 경청하는 일이 아니라, 말(로고스)을 구사하는 본질적인 의미에서의 대화여야 한다.

만약 사람에게 자유 의지가 없고 외부로부터의 자극, 성장 배경, 환경(형제자매 관계, 부모자식 관계, 문화) 등에 의해 모든 것이 결정된다면, 애초에 사람이 그런 요소에 따라 달라질 것을 전제로 하고 있는 교육, 치료, 카운슬링 등에서 대화는 무의미하다고 봐야 한다. 분명 외적인 사건이나 환경이 선택 상황에서 큰 영향을 미친 것은 의심할 바가 없지만, 본인이 결정할 여지가 없었던 것은 아니다. 확실히 그 선택은 의식적으로 이루어지지 않았을지도 모르지만, 스스로 결정한 것이라면 나중에 결정을 번복할 수 있다. 그렇기에 더더욱 나중에 살아가는 방식을 바꿀 수 있다.

그렇게 해서 진정한 의미에서의 자기 책임을 지게 되더라도 말이다. "당신 잘못이 아닙니다"라고 의사나 카운슬러가 말하는 것은 내담자의 책임 소재를 애매하게 만든다.

아들러는 "환자를 의존과 무책임의 위치에 둬서는 안 된다"고 말했다(《심리학이란 무엇인가》). 무책임한 위치에 둔다는 것은 자신의 선택 이외의 일에서 삶이 괴로운 원인을 들여다보게 하여 본래의 책임을 보이지 않게 만드는 일이다. 의존의 위치에 둔다는 것은 치료자가 "당신 잘못이 아닙니다"라고 말함으로써 환자로 하여금 '내 탓이 아니었어' 하고 깨닫게 하고, 카타르시스를 불러일으켜 환자가 자신에게 의존하게 하는 일이다. 설령 치료를 거부하는 환자가 있어도 "본인이 자각하고 있지 못하는 것뿐입니다"라고 말하면 치료자가 권위자가 되어 환자를 자신에게 의존하게 만들기 수월하다.

자신의 인생에 스스로 책임을 지는 삶으로 바꾸고 싶지 않은 사람은 이런 카운슬링을 좋아한다. 그러한 사람은 아크라테이아의 논리에서 벗어나지 못하고 수동적으로 살아간다. 어떤 일에도 스스로 판단하지 않고 남의 말을 받아들이며 만족하는 것으로 보인다.

한편, 분명하고 확신에 찬 말을 하긴 하는데 자신이 스스로 생각해서 발언하고 있다고는 말할 수 없는 사람이 있다. 그런 사람은 권력을 배경에 두고 말하는 것이다. 에리히 프롬은 그러한 사람을 '마조히즘적 인간'이라고 말했다. 이 책에서의 논의를 끌어들여 말하자면, 분위기를 배경 삼아 말하는 일도 가능할 것이다. 에리히 프롬은 다음과 같이 말한다.

"마조히즘적 인간은 외부적인 권위와 내면화된 양심, 심리적인 강제 중에서 어느 하나를 주인으로 정하고, 그 결과 결정을 내리는 일에서 해방된다. 즉, 자신의 운명에 최종적인 책임을 지는 일에서 해방되었으며, 따라서 어떤 결정을 내릴지 망설일 필요도 없다. 또한 인생의 의미는 무엇인가, '자신'이 누구인가에 대한 의심에서도 해방된다. 이들 물음은 사람이 엮여 있는 힘과의 관계에 따라 대답할 수 있다. 인생의 의미나 자아의 동일성은 자아가 굴복한 더 큰 전체에 의해 결정된다(에리히 프롬,《자유로부터의 도피》)."

아이는 어른에게서 속성을 부여받기도 한다. "저 꽃(사람)은 아름답다" 하고 말할 때의 '아름답다'가 '속성'이다. 꽃이나 사람에게 속해 있는 성질(속성)을 부여하는 것을 영국의 정신의학자 로널드 랭(Ronald David Laing)은 '속성화' 또는 '속성 부여(attribution)'라는 말로 설명하고 있다(《자기와 타자 Self and Others》).

문제는 이 속성 부여가 명령이 되는 것이다. "너는 현명한 아이야" 하는 것은 단지 아이가 현명하다고 설명하는 게 아니라, 어른이 아이에게 이러해야 한다는 이상을 강요하는 일이며 현명해지라고 하는 명령이다.

아이는 이러한 속성 부여에 저항해도 된다. 마찬가지로 인생의 의미나 자아의 동일성이 힘에 의해 결정되어선 안 된다. 이미 살펴보았듯이, 인간은 자유로운 존재다. 다만 자유에는 책임을 동반되므로 그 자유의 무게를 견뎌 내지 못한 사람은 할 수 없이 자유를 포기하고 권력자에 의존하는 일이 발생하는 것이다.

책임 회피와 대의명분을 위한
사후 논리

아들러가 사용하는 '열등 콤플렉스'라는 말이 있다. 이는 'A이므로(또는 A가 아니므로) B를 할 수 없다'는 논리를 일상의 커뮤니케이션 속에서 자주 사용하는 것을 일컫는다. A를 통해 타인과 자신이 납득할 수 있는 구실을 내세우는 것이다. 신경증이 종종 이 A의 역할을 한다.

아들러는 이 논리를 '인생의 거짓말'이라고 부르고(《삶의 과학》), 다른 사람뿐만 아니라 자신마저도 속이고 있다고 지적한다. 다시 말해, 자신이 직면해야 하는 과제를 회피하려면 정당화할 이유가 필요하므로, 그것을 정당화하기 위한 논리를 사후에 구축하는 것이다. 그 논리는 '겉으로 보이는 인과율(semblance of causality)'이다(《의미를 향한 소리 없는 절규》). '겉으로 보이는'이라고 한 까닭은 실제로 신경증 환자가 말하는 원인과 증상 사이에 인과관계가 없기 때문이다. 신경증 환자가 그 논리를 채택한 것은 그렇게 함으로써 본래 자신이 선택한 일인데도 지금 과제를 앞에 두고 망설이는 행동을 정당화할 수 있기 때문이다. 타인이나 상황(유전이나 부모의 교육법, 환경, 나아가서는 성격)에 원인이 있다며 자신의 책임을 회피하려는 것이다.

카운슬링을 하다 보면 환자가 거짓말을 할 때가 있다. 의식적으로 거짓말을 하는 경우는 진실을 따져야겠지만, '마음으로부터의 거짓'인 경우라면 거기에 진실은 아무것도 없다. 그 사람은 거짓말을 진실이라고 믿으며, 행위의 이유는 나중에 주어진다. 때로는 이러한 '사후 논리(post factum)'가 '사전 논리(ante factum)'였던 것처럼 생각되기도 한다.

카운슬링을 할 때는 이러한 사후 논리를 긍정해서는 안 된다. 그렇게 해서는 문제를 해결할 수 없으며 "당신은 아무 잘못도 없다"라고 카운슬러가 말하게 되면 책임 소재를 애매하게 만들 뿐이다. 카운슬링은 '마음으로부터의 거짓말'을 어떻게든 알아차리게 도와야 한다. 치유라는 말을 사용하면 카운슬링은 수동적이라는 인상을 준다. 하지만 실제로는 환자가 치료자에 의해 치유되는 것이 아니라 회복을 위한 강한 의지를 가지고 카운슬러와의 공동 작업인 대화를 통해 자신의 논리를 검증하고 어떻게 살아야 하는지를 진지하게 생각하는 일이다. 비록 그 길은 험난하지만 그렇게 자신의 힘으로 회복해가는 수밖에 없다.

사후 논리는, 논리를 현실에 맞추기 위해 주저 없이 논리를 변경한다. 분명 그렇게 하는 데 이유가 없는 건 아니다. 현실과의 괴리가 있어서는 안 된다고 생각하기 때문이다. 그래서 현실적이 아니다 혹은 실천되고 있지 않다는 이유로 논리(로고스, 말)를 바꾸도록 요구받는다.

하지만 로고스는 실천이나 실행과 직결되어 있지 않다. 뒤에서 살펴보겠지만, 이론이나 이상이 그대로 현실일 리가 없다. 따라서 이론이 개선될 필요는 확실히 있으나, 이론이 현실적이 아니라는 이유로 현실에 맞추기 위해 철회되는 일이 있어서는 안 된다. 이상이 현실에서 멀리 떨어져 있을 때, 이상을 설파하는 로고스는 허술하며 이상을 내세우는 데 의미가 없다고 생각되기도 한다. 하지만 현실은 원래 이상과 멀리 있다. 밤중에 이웃집 닭을 훔치면 안 된다는 법률이 있다고 하자. 훔치는 사람이 한 사람도 없다면 이 법률은 필요 없다. 이웃집 닭을 훔치는 사람이 있기 때문에 이런 사람을 벌하는 법률에 의미가 있는 것이다.

로고스를 현실에 맞춰야 한다고 하지만 사실은 현실을 자신이 생각하는 대로 바꾸고 싶어 하는 사람이 있다. 전쟁을 수행하는 데 필요한 대의명분이 바로 이 예가 된다. 이러한 사람에게는 전쟁을 정당화하기 위한 대의명분(로고스)이 필요하다. 이는 사전 논리가 아니다. 뭔가 전쟁할 이유가 먼저 있다고 하기보다는 전쟁을 하겠다는 결정이 먼저 이루어지고 그 결정을 정당화할 이유가 '나중에' 필요하기 때문이다. 그 의미에서 대의명분은 사후 논리이다. 혹은 전쟁을 하는 진짜 이유가 따로 있지만 그 진짜 이유를 전면에 내세우면 전쟁을 하는 행위를 지지받지 못하므로 그럴듯한 대의명분이 필요하다고 볼 수도 있다.

또한 기성사실을 만들어 내기도 한다. 그렇게 해두고 현실에는 맞지 않는다는 이유로 로고스(이를테면 헌법)의 개혁을 주장하는 것이다. 이렇게 해서 사후 논리가 구축된다.

로고스는 이상을 목표로 하기도 하지만, 지금 살펴보았듯이 현실의 개혁을 꾀하기 위해서 사후 논리가 구축되는 일도 있다. 이 사후 논리 또한 로고스라는 데는 변함이 없으므로 로고스의 자명성을 의심할 필요가 있다. 로고스가 절대적으로 옳은 것은 아니라는 사실은 말할 것도 없다.

현실의 변화에 따라 차례로 형태를 바꿔 가는 사후 논리가 아니라, 사전 논리를 추구해야 한다. 그렇지 않으면 로고스는 살아가는 데 있어 의지가 될 수 없다.

왜 그 말을
신뢰할 수 없는가

---/---

말을 그다지 믿지 않는 사람이 많은 듯하다. 플라톤에 의하면, 이른바 언행불일치로 인해 이런 일이 일어난다(《라케스》). 아이는 부모가 정론을 내세워 설교할 때, 그 부모의 행동에 주목한다. 그렇게 말하는 당신은 정작 그렇게 하지 않는 것 아닌가, 내게 강요하는 그 일을 당신 자신은 지키지 못하지 않는가. 그렇게 아이는 부모의 말과 행동이 일치하지 않는다는 점을 지적한다. 이렇게 언행이 일치하지 않는 사람의 말을 듣고 있으면 논의를 싫어하지(misologos, 미소로고스) 않을 수가 없다.

만물은 끊임없이 변한다는 만물유전(萬物流轉)을 설파한 크라틸로스(Cratylus)는 아무것도 말하지 않고 단지 손가락을 움직였다. 말로는 설명할 수 없어서 무언가를 잠자코 손가락으로 가리킬 수밖에 없었다. 헤라클레이토스는 "같은 강에는 두 번 들어갈 수 없다"라고 말했다(플라톤, 《크라틸로스》). 이 세상일에 관해서는 플라톤도 크라틸로스와 똑같이 생각했다. '이것'이라고 말해도 그것이 부동의 것으로서 멈춰 있지는 않으므로 '이것처럼'이라고밖에 말할 수 없는 것이다(플라톤, 《티마이오스》). 또한 말은 일반적이고 추상적이므로 말로는 다름 아닌 이 사람에 관해서

서술할 수 없다고 생각하는 사람도 있을 것이다. 게다가 말과 그 말로 서술하려는 사실이나 현상과의 차이를 경험한 사람도 논의를 싫어하게 된다.

이렇게 말에 대한 신뢰를 잃으면 말 자체에 귀를 기울이기보다는 그것을 말하는 사람이 누구인지, 화자의 심리와 동기를 촌탁하게 된다(다나카 미치타로,《로고스와 이데아》). 생각을 말로 옮기는 어려움을 경험한 사람은 그 어려움을 극복하는 노력을 하지 않고 논의를 싫어하게 되는 것이다.

반면에 논의를 좋아해서 '필로로고스(philologos)'라고 불리는 사람도 있다. 미소로고스와는 반대로 언어와 사건 또는 현상 사이의 차이를 느껴 본 적이 없는 사람들이다. 타인도 자신이 느끼는 것과 똑같이 느끼고 생각한다고 멋대로 믿는 사람들, 혹은 애초에 자신과는 다르게 느끼는 방법이 있다고는 꿈에도 생각하지 못하는 사람들. 그러한 사람들이 일으키는 문제는 미소로고스의 경우보다 더 심각하다.

후지사와 노리오는 이렇게 말한다. "현대를 지배하는 것은 언어에 대한 회의(懷疑)라기보다는 역시 말에 대한 경신(輕信)일 것이다(《이데아와 세계》)."

상대주의를
넘어서다

———————————— / ————————————

결국 문제가 되는 것은 지금 살펴본 이데아, 즉 절대적인 진리가 있다는 것을 인정하느냐 아니냐로 귀착된다. 플라톤의 대화편에서 소크라테스가 대화하는 모습에 관한 장면을 읽을 때 반발심이나 거부감을 느낀다면, 이는 우리가 "민주주의와 다원주의, 그리고 반권위주의인 20세기를 살아가는 사람으로서, 깨닫고 있든 아니든 만연된 상대주의에 저도 모르게 휩쓸려 동조하기 때문이다"라는 토마스 알렉산더 슬레작(Thomas Alexander Szlezak)의 지적은 옳다(《플라톤 읽기》).

플라톤이 주장하는 이데아론의 의의는 이 세상의 만물이 끊임없이 바뀌고 거기서 생성되는 가치는 그 어느 것도 절대적이라고는 할 수 없는 데 반해, 이데아야말로 절대적인 가치라고 인정하는 데 있다. 이에 대해 이 세상에서 가치 있는 모든 것이 완전하지 않은데도 그것을 이상과 혼동하는 것을 '우상숭배'라고 한다.

이러한 혼동을 회피하려면 한 가지 방법밖에 없다. 자신과 타자를 깊이 생각함으로써 자신이 무언가를 알고 있다고 믿기 이전의 상태로 끊임없이 자신을 되돌려보는 일이다. 그것을 가능하게 하는 방법이, 자신 안의 대화로서의 사고와 타자와의 대화이다.

세상을
바꿔 가는 용기

부정을 저지르는 사람은 결국 선악의 판단을 잘못하는 것이다. 정치가나 관료들이 부정을 저지르면 얼마 못 가 국민의 지지를 잃는다는 것을 알고 있다면 행동을 바꿀 게 틀림없다. 그러므로 부정을 저지르는 데 아무런 망설임도 없는 것은 국민의 지지를 잃는 일이 절대 없다고 확신하기 때문이다. 그렇다면 부정을 용서하는 국민도 그렇게 하는 것이 선이라고 판단한 것이다.

이 세상에서 일어나는 불합리한 일에 대한 분노, 이성적인 '공분'을 끊임없이 지녀야 한다. 그러기 위해서는 감정적이 되지 말고 이성적인 대화를 하는 수밖에 없다. 상대를 비난하거나 개인을 공격해 봐야 문제는 해결되지 않는다.

아들러가 "나는 언제나 이 세상을 바꾸기 위해 무슨 일을 할 수 있을지를 생각한다"고 말했다는 것은 앞에서도 소개했다. 불합리한 현실을 마주했을 때 자신이 할 수 있는 일은 아무것도 없다고 절망하기 쉽지만, 우리는 무언가 할 수 있는 일을 찾아봐야 한다. 한 사람의 힘만으로는 아무것도 바꿀 수 없을지도 모른다. 하지만 불합리한 세상을 바꿔야 한다고 생각한 사람들이 모이면 이 세상은 반드시 바뀌기 시작할 것이다.

전해지는 말과 전해지지 않는 말이 있다. 물론 이것은 물리적인 의미가 아니다. 큰 목소리를 낸다고 그 목소리가 반드시 전달되는 것은 아니다. 아무쪼록 이 책에 내가 쓴 '말'이 여러분에게 전해지기를 바란다. 그때 비로소 내 말은 혼잣말이기를 멈추고 대화가 시작되는 것이다.

맺음말

　이 책을 집필하는 데는 약 2년이라는 시간이 걸렸지만, 실은 책의 핵심은 2007년 무렵부터 구상된 것이다. 본문에서도 언급했지만, 나는 쉰 살이 된 지 얼마 되지 않았을 때 심근경색으로 쓰러졌다. 다행히도 치료가 잘 되어 목숨은 건졌지만 1년 후에 관상동맥 우회술이라는 수술을 받게 되었고 퇴원한 후에는 일을 줄이며 요양에 들어갔다.

　하지만 집에서 조용하게 지냈던 건 아니었다. 입원 중에 주치의가 "책을 쓰세요. 책은 남으니까요" 하고 권한 일도 있고 해서 무서운 기세로 공부하기 시작했다. 그때 입원하고 있을 때 병문안을 온 친구들에게서 독일의 의사이자 생리학자인 빅토르 폰 바이츠제커(Viktor von Weizsacker) 연구회가 있는데, 이곳에서 매월 독일어 원서를 읽고 있다는 말을 들었다. 아직 외출할 자신은 없었지만 퇴원한 다음 달부터 그 연구회에 참가했다. 연구회를 이끄는 강사는 기무라 빈 선생이었는데, 이 책에 선생의 저서에서 인용한 글이 많은 것은 그 때문이다.

　그렇게 한동안 여러 권의 책을 쓰기 시작했지만 마음처럼 술

술 써지지가 않아 좀처럼 세상의 빛을 보지 못했다. 이럭저럭 사는 동안에 동일본대지진이 일어났다. 세상은 이제 원래대로 되돌아가지 못하는 게 아닐까 하고 생각했다. 실제로 지금도 제대로 돌아가지 못하고 있고.

그 무렵부터 내 마음속에 '분노'가 고찰해야 할 중요한 주제가 되었다. 나는 오랫동안 아들러를 연구해 왔기 때문에, 분노의 감정이 문제를 해결하는 수단으로써 유용하지 않다고 언제나 지적했었다. 화를 낼 게 아니라 말을 사용해 대화를 하면 분노의 감정을 사용할 필요는 없다고 생각했던 것이다. 그 생각은 지금도 변함이 없으며 이 책에서도 대화의 중요성을 분명히 밝혔다.

하지만 그 후에도 전 세계에서 잇달아 일어나는 불합리한 사건을 마주할 때마다 확실히 내 안에서 분노의 감정이 솟아올랐다. 대체 이 분노의 감정은 무엇일까, 대인관계에서 일어나는 분노와는 다른 걸까 하는 생각이 자꾸 들었다.

그렇게 내 안에서 풀리지 않는 의문을 품은 채 몇 년이 지났다. 바로 결론을 내려고 하지 않고 계속해서 생각하는 것이 내 버릇인 모양이다. 마침내(라고 나는 생각했다) 어느 해, 미키 기요시를 만났다. 그가 쓴 《인생론 노트》를 처음 읽은 것이 철학에 뜻을 둔 고등학생 때였으니, 정확하게는 미키 기요시와 재회했다.

미키 기요시는 분노를 '사분(私憤)'과 '공분(公憤)'으로 구별하고 있었다. 이 사실을 알고 오랜 세월 동안 마음속에 품고 있던 의문이 스르르 풀렸다. 그렇다, 불합리한 일에는 화를 내야 하는 것이다.

그리고 지금으로부터 2년 전, 당시 산가출판사의 편집자였던 사토 유키 씨로부터 출간 제의가 들어왔다. 그의 기획서를 읽어 보니 《화내지 않는 용기》라는 제목안이 있었다. 나는 《화내는 용기》라면 쓸 수 있겠다고 답했다. 분노라고 해도 '사분'이나 '감정적인 분노'가 아니라 '공분'으로서의 분노이며, 아무것도 말하지 않고 행동하지 않는 게 아니라 세상을 바꿔 나가기 위한 용기를 어떻게 하면 가질 수 있을지를 써 보고 싶다는 나의 구상을, 사토 씨가 받아들여 주었다.

그로부터 2년이라는 시간이 흐르며 코로나 19 바이러스를 겪었다. 이 바이러스의 감염 기세는 쉽사리 사그라지지 않았고 정부의 코로나 대응책을 보며 많은 것을 느꼈다. 그동안 나는 왜 일본이 전쟁을 멈추지 못했는지를 줄곧 의아하게 생각하고 있었는데, 이런 경험들을 하고서야 그 시대의 일을 이해할 수 있었다.

무력감에 시달렸다. 하지만 맹렬히 타오르는 불을 끄려는 노력을 단념하면 불길은 더욱더 거세진다. 저항할 수 없는 거대한 힘이 역사를 움직이는 것이 아니다. 위에서 강요된 유대가 아니라 분노의 연대야말로 세상을 바꿀 수 있다는 것도 알았다.

이 책이 출간될 무렵에는 그런 시대도 있었다고 떠올릴 수 있는 세상이 되어 있기를 간절히 바라지만, 설령 평온한 날들을 되찾았다 해도 큰 힘에 굴복하고 만다면 같은 일은 얼마든지 되풀이될 것이다.

이 책은 당초 산가출판사에서 출간될 예정이었지만 생각지도 못하게 출판사가 도산해 출간할 수 없게 되었다. 그후 가와데쇼보신샤에서 출간하게 된 것은 무척 감사한 일이다. 출간을 준비하면서 사토 유키 씨, 가와마쓰 가오리 씨, 그리고 가와데쇼보신샤의 오가타 류타로 씨가 정성껏 원고를 읽어 주었고, 코로나 팬데믹으로 인해 직접 만나지 못하는 가운데 화상 회의를 거듭했다. 이들에게 진심으로 감사의 말씀을 드린다.

기시미 이치로

정의에 비추어 잘못된 일은
잘못되었다고 주장해야 한다.
그때 필요한 것은
감정적인 사분이 아니라
지성적인 공분이다.
이는 인간의 존엄, 인격의 독립성,
그리고 올바른 가치가 위협당하고
침해당할 때 느끼는 분노다.

화내는 용기

1판 1쇄 인쇄	2023년 1월 15일
1판 1쇄 발행	2023년 1월 30일
지은이	기시미 이치로
옮긴이	김윤경
발행인	황민호
본부장	박정훈
책임편집	김순란
편집기획	강경양 김사라
마케팅	조안나 이유진 이나경
국제판권	이주은 김연
제작	최택순
발행처	대원씨아이㈜
주소	서울특별시 용산구 한강대로15길 9-12
전화	(02)2071-2017
팩스	(02)749-2105
등록	제3-563호
등록일자	1992년 5월 11일
ISBN	979-11-6979-295-0 03100